가야금 명인
황병기

딩덩 덩 둥덩
가야금 소리
들어 볼래?

황병기 할아버지는

황병기 할아버지는 1936년 서울 종로구에서 태어났습니다. 첫 딸이 태어난 지 16년 만에 태어난 3대 독자로, 친척들이 구경 올 정도로 귀한 아들이었습니다. 굉장한 개구쟁이였던 할아버지는 공부보다는 운동 잘하는 아이들과 어울려 놀기를 좋아했습니다. 할아버지가 초등학교 3학년이 된 1945년, 전쟁에서 진 일본이 우리나라에서 물러갔습니다. 여전히 공부에 흥미를 느끼지 못했던 할아버지는 김소열 아저씨를 만나면서 조금씩 변하기 시작합니다.

▲ 경기중학교 재학 시절
피난을 간 부산에서 가야금을 처음 만난 황병기 할아버지는 '영감'이라는 별명을 얻을 정도로 가야금에 빠져든다.

▲ 고등학교 시절 친구들과 함께(앞줄 왼쪽)
부산에서 두 선생님께 서로 다른 성격의 정악과 산조를 배운 할아버지는 서울에 돌아온 뒤에도 두 음악 모두 열심히 공부한다.

경기중학교에 다니던 중 한국전쟁이 일어나자 할아버지는 가족과 함께 부산으로 피난을 갑니다. 친구를 따라갔다가 처음 들은 가야금 소리에 빠져든 할아버지는 부산 국립 국악원에서 여러 선생님을 만나 가르침을 얻습니다. 특히 감정을 절제하는 정악과 풍부한 감정 표현이 돋보이는 산조, 성격이 다른 두 음악을 모두 열심히 배웁니다. 이런 노력은 서울로 돌아온 뒤에도 이어져 할아버지는 열심히 학교와 국악원을 오갑니다. 그러다 1954년 고등학교 2학년 때에는 전국 학생 콩쿠르에 가야금 연주자로 나가 1등을 합니다.

◀ 정악 스승 김영윤 선생님과 함께
황병기 할아버지는 중학교 시절 부산 국립 국악원의 유일한 가야금 악사인 김영윤 선생님을 만나 정악 공부를 한다.

◀ 산조 스승 김윤덕 선생님
국악원에서 가야금 산조를 듣게 된 할아버지는, 가야금 산조의 대가인 심상건 선생의 장구 반주를 한 김윤덕 선생님에게서 산조를 배우기 시작한다.

재능이 꽃피기 시작하다

서울대학교 법대에 들어간 뒤에도 가야금 공부를 이어 나간 할아버지는 1957년 KBS가 주최한 전국 국악 콩쿠르에서 1등을 하면서 국악을 하는 사람들 입에 자주 오르내리기 시작합니다. 대학교 4학년 때에는 음대 학장에게서 국악과 가야금 강사를 맡아 달라는 부탁을 받습니다. 음악 전공자도 아니고 대학을 갓 졸업했기에 사양했지만 간곡한 부탁으로 이듬해인 1959년 3월 서울대학교 음대 강사로 일하기 시작합니다. 그 뒤로 4년 동안 할아버지가 가르친 제자들은 우리나라 국악계를 이끌어가는 큰 재목으로 자랐습니다.

◀ 서울대학교 음대 제자들과 함께
황병기 할아버지는 1959년 3월부터 4년 동안 서울대학교에서 우리 음악을 가르쳤다.

◀ 서울대학교 국악과 1회 졸업생 제자들과 함께
4년 동안 할아버지가 가르친 제자들이 오늘날 우리나라 국악계를 이끌어 가고 있다.
(오른쪽 세 번째)

황병기 할아버지는 대학에서 학생들을 가르치면서 우리 음악의 현대화를 위한 작업에도 몰두했습니다. 그리고 1962년에는 가야금 정악과 산조의 정간보를 오선보로 옮기는 큰일을 해냈을 뿐 아니라 우리나라 최초의 가야금 창작곡 〈숲〉을 완성했습니다. 국악원에서 만난 소설가 한말숙 할머니와 결혼을 한 것도 이 시기의 일입니다. 1965년에는 하와이를 시작으로 로스앤젤레스, 샌프란시스코 등 미국 각지에서 성공적으로 공연을 마쳤습니다.

◀ 1965년 미국 공연을 떠나기 전 아내와 함께
하와이를 시작으로 미국 각지에서 열린 공연은 성공적으로 끝이 났다. 시애틀의 워싱턴 주립대학에서는 여름 학기 동안 한국 음악을 강의해 달라는 초청장을 보내기도 했다.

▶ 1960년대 말 친구 집에서 발견한 가야금
초등학교 동창 집에 들렀다가 장작더미 옆에서 발견한 가야금은 몸통뿐이었지만 울림까지 살아 있는 명금이었다고 한다.

가야금과 하나 된 삶

미국에서 열린 공연이 호평을 받은 동시에 미국에서 처음 나온 독주 음반 역시 많은 평론가들에게서 극찬을 받았습니다. 1973년에는 하길종 감독이 만든 영화 〈수절〉의 영화 음악을 맡아 '한국영화음악상'까지 거머쥡니다. 음악인과 실업인 사이에서 고민하던 할아버지는 1974년, 모든 사업을 정리하고 이화여자대학교 교수가 되며 음악인의 삶을 선택합니다. 2001년까지 이화여자대학교에서 학생들을 가르쳤으며, 1985년에는 미국 하버드 대학교의 객원 교수로 지내기도 했습니다.

▲ 하버드 대학교 교정에서
이화여자대학교에서 학생들을 가르치던 중 1985년부터 2년 동안 하버드 대학에서 강의를 했다.

◀ 1993년에 나온 작품집
우리나라 최초의 가야금 창작곡 〈숲〉을 포함해 〈석류집〉, 〈가라도〉, 〈침향무〉 등을 들을 수 있다.

할아버지는 가야금 연주와 작곡뿐 아니라 제자들을 가르치면서 해외 연주회도 꾸준히 해나갔습니다. 또한 해외 교포들은 물론 할아버지의 가야금 소리에 반한 외국인들까지 음반을 찾아 들으며 우리 음악이 더욱 널리 알려졌습니다. 2005년 '자랑스러운 이화인상'에 첫 남자 수상자가 되었고, 2010년에는 '아시아문화상'을 받았으며, 독일《MGG 음악 사전》을 포함해 권위 있는 음악 사전에 이름이 실린 할아버지는 지금도 가야금과 함께하며 많은 사람들에게 아름다운 음악의 향기를 전하고 있습니다.

▲ 1990년 판문점에서
1990년 평양에서 열린 '범민족통일음악회'에 북한의 초청을 받고 참여했다. 그리고 그 해 12월 예술의전당과 국립극장에서 열린 송년음악회의 집행위원장을 맡은 할아버지는 '평양민족음악단'을 초청했다. 이념과 정치를 뛰어넘어 음악이 남북을 넘나든 것이다.

우리인물이야기 28

가야금 명인 황병기_
딩덩 덩 둥덩 가야금 소리 들어 볼래?

2012년 5월 22일 처음 펴냄
2020년 5월 15일 3쇄 펴냄

지은이 • 송재찬
그린이 • 이윤희
펴낸곳 • (주)우리교육
펴낸이 • 신명철
등록 • 제313-2001-52호
주소 • 03993 서울시 마포구 월드컵북로 6길 46
전화 • 02-3142-6770
팩스 • 02-3142-6772
홈페이지 • www.uriedu.co.kr
제조국명 • 대한민국
사용연령 • 12세 이상
주의사항 • 종이에 베이거나 긁히지 않도록 조심하세요.
　　　　　책 모서리가 날카로우니 던지거나 떨어뜨리지 마세요.

· 잘못된 책은 구입하신 서점에서 바꾸어 드립니다.
· 이 책 내용을 쓰려면 반드시 저작권자와 (주)우리교육에 서면 허락을 받아야 합니다.
· 책값은 뒤표지에 있습니다.

ⓒ 송재찬, 이윤희 2012
ISBN 978-89-8040-750-7 74810

이 도서의 국립중앙도서관 출판시도서목록(CIP)은 e-CIP홈페이지(http://www.nl.go.kr/ecip)와 국가자료공동목록시스템
(http://www.nl.go.kr/kolisnet)에서 이용하실 수 있습니다.(CIP제어번호: CIP2012002192)

가야금 명인
황병기

딩덩 덩 둥덩
가야금 소리
들어 볼래?

송재찬 지음 | 이윤희 그림

우리교육

이 책을 읽는 어린이에게

    가야금은 우리나라 악기 중 가장 대표적인 악기입니다. 오동나무로 만든 긴 공명판 위에 열두 줄의 명주실을 매고, 손가락으로 뜯어서 소리를 냅니다. 《삼국사기》를 보면 가야국의 가실왕이 악사 우륵에게 처음 만들게 하였다고 기록하고 있습니다.
    이처럼 가야금 음악은 아주 오래전부터 우리 조상들이 연주하고 즐기던 음악입니다. 가야국이 망하여 신라로 귀화한 우륵은 가야금 음악을 더욱 발전시켰고, 가야금은 일본에까지 전해져 신라금이라고 불렀습니다. 신라에서 건너온 가야금이란 뜻이겠지요.
    1951년 한국 전쟁으로 부산으로 피난 간 소년 황병기는, 그곳에서 처음 가야금 소리를 듣고 마음을 빼앗기고 맙니다. 그 어떤 음악도 어린 황병기의 마음을 그처럼 사로잡은 적은 없었습니다.
    황병기와 가야금의 만남은 숙명적이라 할 수 있습니다. 부산에서 배우기 시작한 가야금을 그는 한시도 떼어 놓은 적이 없다고 합니다. 사람들이 아침에 일어나면 세수를 하고 양치를 하는 것처럼 황병기는 하루도 빼놓지 않고 가야금을 익혔습니다.
    그는 경기중·고등학교를 졸업한 뒤 서울 법대에서 공부했습니다. 법학을 공부하면서도 하루도 빼놓지 않고 가야금을 익혔습니다.

가야금 연주만 잘한 게 아닙니다. 그의 위대함은 처음으로 오선지를 사용하여 가야금 음악을 창작했다는 점에서도 드러납니다. 그때까지만 해도 우리 가야금 음악은 예로부터 조상들이 연주하던 음악뿐이었습니다. 가야금을 공부한다는 사람들조차도 예전 음악을 익혀서 연주했지요. 그런데 황병기는 최초로 현대인의 마음을 담은 가야금 음악을 작곡하여 세상에 내놓은 것입니다.

우리나라에서도 놀라는 사람들이 많았지만 더 놀란 것은 다른 나라 사람들이었습니다. 세계 여러 나라에서 연주 초청이 들어왔고, 서양에서 먼저 황병기 가야금 창작곡을 담은 음반이 나왔습니다.

황병기가 없었다면 가야금 음악은 여전히 옛날 음악으로 머물렀을지도 모릅니다. 그러나 가야금은 황병기를 만나면서 전 세계인의 마음까지 사로잡는 신비로운 음악으로 다시 태어났습니다.

이제 가야금에 빠져 평생 가야금을 손에서 놓지 않았던 명인 황병기의 이야기를 시작합니다. 처음 가야금을 만나고 명인으로 우뚝 서기까지의 이야기는 한 편의 흥미로운 드라마 같습니다.

― 지은이 송재찬

차례

이 책을 읽는 어린이에게 • 10

3대 독자 낙제생 • 14

학교 대표 독창자 • 27

부산 피난 시절 만난 가야금 • 33

정악과 산조 • 56

중학생 영감, 고무신 대학생 • 71

서울대학교 국악과 가야금 강사 • 81

첫 가야금 창작곡 • 92

세계로 퍼져 가는 가야금 음악 • 100

명금들의 숨은 이야기 • 117

세 번 들으면 죽는 가야금 음악 〈미궁〉 • 130

더 살펴봐요! 우리 악기 가야금 • 138

3대 독자 낙제생

    가야금 명인 황병기가 서울 종로구 가회동에서 태어난 것은 1936년으로, 일본이 우리나라를 차지하고 있던 때입니다.

    첫 딸을 낳은 지 16년 만에 태어난 3대 독자 아들이라 그 기쁨과 놀라움은 말로 다 할 수 없을 정도였습니다. 친척들이 구경 올 정도로 귀한 아들로 태어난 것입니다. 감기 치레를 하긴 했지만 병기는 무럭무럭 자랐습니다.

학교 갈 나이가 되어 병기는 서울 재동초등학교에 입학했습니다. 그러나 공부에는 전혀 관심이 없었습니다. 노는 것은 먹는 것보다 좋아했지만 교과서는 표지조차도 보기 싫어했고, 글자를 쓰며 공부하는 것은 쓴 약보다 더 싫어했습니다. 학교 성적을 등수로 매기던 때라 병기의 성적은 늘 바닥이었습니다. 공부는 이렇게 싫어했지만 운동과 밖에 나가 노는 일에는 둘째가라면 서러워할 정도로 두각을 나타냈습니다. 공부를 못했지만 병기는 씨름도 잘했고 노래도 썩 잘 불렀습니다. 체육 시간에 씨름을 하면 덩치 큰 아이들도 순식간에 넘어뜨렸습니다. 그래서 공부 잘하는 아이들보다 운동 잘하는 아이들과 어울려 노는 것을 더 좋아했습니다.

  병기가 3학년이던 때, 온 세상을 다 거머쥘 것 같던 일본이 전쟁에 지고 우리나라에서 물러갔습니다. 1945년 8월 15일, 일본 왕이 항복을 하고 우리는 잃었던 나라를 찾았습니다.

  "일본 사람들이 죄다 일본으로 물러가고 일본 말도 하지 않아도 된대."

"이제까지 공부는 죄다 무효고 다시 시작한대."

"와, 신난다!"

동네 형들의 이야기를 들으며 3학년 병기도 주먹을 불끈 쥐었습니다.

'지금까지 공부는 무효란다. 나도 잘할 수 있다. 나도 잘할 수 있어.'

정말 학교에서는 우리말 공부를 새로 시작했습니다. 기역 니은 디귿…… 일본 때문에 쓰지 못했던 우리글 공부가 시작된 것입니다.

병기의 성적은 전보다 더 나빴습니다. 예전에 잘하던 아이들이 여전히 잘했습니다. 병기에겐 처음 배우는 우리나라 글이 너무 어려웠습니다. 공부를 잘하겠다는 것은 마음뿐 여전히 골목 구석구석을 누비며 친구들과 신나게 놀았습니다.

   4학년 때였습니다. 그날도 흙 범벅이 되도록 뛰어놀다가

   "엄마! 배고파!"

하며 달려와 보니 마당에는 뜻밖의 손님이 와 계셨습니다.

   "병기야, 인사해라. 외당숙이신 김소열 아저씨다."

   병기가 꾸벅 인사했더니 김소열 아저씨는 머리를 쓰다듬으며 빙그레 웃었습니다.

   "누님, 병기 걱정은 마세요. 제가 병기를 우등생으로 만들어 놓겠습니다.

제가 지금까지 가르쳐서 우등생이 안 된 아이가 없습니다. 한 학기만 가르치면 됩니다."

어머니와 김소열 아저씨는 벌써 많은 이야기를 주고받은 듯했습니다.

'흥, 나를 우등생으로 만든다고요? 나는 공부라면 쓴 약보다 싫은데요.'

병기는 맘속으로 콧방귀를 뀌었습니다.

"아까도 말했잖아. 우리 병기 꼴찌나 마찬가지야. 우등생은 그만두고 공부에 관심이나 가지게 어떻게 좀 해 봐."

"걱정 마시고 저에게 다 맡기세요. 대신 약속해 주세요."

"약속이라니?"

병기도 그게 뭘까 하고 귀를 바짝 세웠습니다.

"제가 병기 공부를 맡는 동안 절대 병기에게 공부하란 소리를 하지 마세요. 제가 알아서 합니다. 그러면 제가 한 학기 만에 우등생으로 만들어 놓겠습니다. 반드시 제 교육 방식에 따라 주셔야 합니다."

눈이 크고 맑은 김소열 아저씨는 시골에서 초등학교 선

생님을 하던 분입니다. 병기 외할머니의 오빠가 전라북도 고창 무장리에 살았는데 그 할아버지의 아들입니다.

"병기야, 아저씨는 공부를 더 하고 싶어 서울로 오셨어. 서울대학교 사범대에 입학하실 거래. 서울에 계시는 동안 우리 집에 살면서 널 가르쳐 주실 거야."

아저씨는 서울에서 하숙을 할 형편이 아니었습니다. 그래서 병기네 집에 머물며 하숙비 대신 병기의 공부를 봐 주기로 한 것입니다.

그런데 참으로 이상했습니다. 하루가 지나고 이틀이 지나고 또 하루가 지나도 김소열 아저씨는 병기에게 공부 이야기를 꺼내지 않았습니다. 그냥 빙긋이 웃으며 병기가 뭘 하나 살피기만 했습니다.

병기는 밖에서 놀다가도 김소열 아저씨가 보이면 무조건 내뺐습니다. 집에서 뭘 하다가도 아저씨가 들어오는 눈치면 미꾸라지 빠지듯 슬그머니 밖으로 빠져나갔습니다. 어떤 날은 밥을 먹다가도 엇 뜨거라, 하는 표정으로 나가 버렸습니다.

"어머머 쟤 좀 봐, 또 나가네."

어머니도 병기가 김소열 아저씨만 보면 내뺀다는 것을 알고 어이없어 하였습니다.

"하하하. 누님, 걱정 마세요. 제가 보니 병기는 눈빛이 살아 있어요. 제가 아이들을 가르쳐 봐서 아는데요. 저런 애는 맘만 잡으면 금방 공부에 취미를 붙여요."

김소열 아저씨는 무슨 꿍꿍이속인지 조금도 걱정을 안 했습니다.

그렇게 시간이 흘러간 어느 날이었습니다. 병기는 학교 숙제로 붓글씨를 쓰고 있었습니다. '무궁화 삼천리'를 쓰고 학교 이름과 '황병기'라고 이름까지 썼습니다. 병기 생각에 어느 때보다 잘 쓴 것 같았습니다.

"와! 병기가 붓글씨를 잘 쓰는구나."

돌아보니 김소열 아저씨였습니다. 병기는 픽 웃었습니다. 지금까지 자기 글씨를 칭찬한 사람이 없었기 때문입니다.

"정말 잘 썼어. 어른 흉내를 내지 않고 아이답게 아주 잘

썼어."

병기는 그 말이 맘에 들었습니다. 그렇지 않아도 전에 없이 글씨가 잘 써져 흐뭇하던 참이었습니다. 갑자기 아저씨가 좋아졌습니다. 그 날부터 병기는 아저씨에 대한 경계심을 풀고 도망 다니지 않았습니다.

아저씨가 좋아지면서 병기는 그림도 함께 그리고 책도 같이 읽었습니다. 아저씨가 아랫목에 눕고 병기는 아저씨 배 위에 올라앉아, 아저씨가 읽어 주는 삼국지 이야기를 듣기도 했습니다.

병기는 자기도 모르게 책이 얼마나 재미있는 보물 창고인지 알게 되었습니다. 그리고 아저씨에게 책을 빌려 읽기 시작했습니다.

책 읽기를 하며 병기의 공부도 자연스럽게 시작되었습니다.

아저씨와 하는 공부는 아주 특이했습니다. 하얀 종이를 카드처럼 오리고 간단한 그림을 그리며 놀았는데, 사실은 그게 다 공부하는 방법의 시작이었습니다. 아저씨는 특이

하고 다양한 방법으로 공부의 즐거움을 가르치기 시작했습니다.

"이야, 이렇게 어려운 것도 척척 푸는구나."

늘 공부 못한다고 야단만 맞던 병기는 아저씨의 칭찬을 듣는 순간 기분이 좋아졌습니다. 무엇보다 아저씨는 조바심을 내지 않았습니다. 더 좋은 것은, 교과서만을 고집하지 않고 늘 현장을 찾아다닌다는 점이었습니다. 아저씨는 이런저런 것을 보여 주고 이야기도 하며 자연스럽게 공부에 열중하도록 했습니다. 또한 병기가 스스로 해결한 문제에 대해서는 크게 칭찬해 주었고, 제대로 하지 못해도 야단치지 않고 더 잘할 수 있도록 도와주었습니다. 병기는 아저씨가 점점 더 좋아졌습니다.

"병기야, 우리 남대문에 나가 볼까?"

공부가 지루해질 무렵이면 슬쩍 밖으로 데리고 나가기도 했는데, 함께 남대문 다락방에 올라가 이것저것을 보며 조선의 역사며 임진왜란 이야기를 들려주었습니다.

병기는 아저씨의 공부 방법에 흠뻑 빠지기 시작했고 책

을 더욱 좋아하게 되었습니다.

공부에 취미가 붙은 듯한 눈치가 느껴지자 아저씨는 병기를 더 많이 데리고 다니며 현장학습을 했습니다. 일요일에는 빈 교실을 찾아가 풍금 치는 법을 가르쳐 주었고, 시립 도서관과 국립 도서관에 가서 재미있는 책도 골라 주며 다양한 책을 쉽게 찾는 법도 가르쳐 주었습니다.

김소열 아저씨는 학과 공부만이 아니라 수영, 태권도, 공운동, 기계체조 같은 여러 가지 운동도 가르쳐 주었습니다. 운동을 좋아하는 병기는 그런 아저씨가 더없이 좋았습니다.

쉬는 날에는 헌책방에도 데리고 다녔습니다. 병기는 점점 더 책에 빠져들었습니다. 공부하는 시간도 점점 늘어났습니다. 김소열 아저씨는 공부하는 자세부터 공부하는 방법, 공부하는 기쁨을 병기 스스로 깨닫게 해 주었습니다.

"병기야, 오늘 공부는 그만하고 이제 좀 놀다 와라."

"아이 아저씨, 다음 쪽까지만 해요."

"넌 무슨 애가 공부밖에 모르냐."

이렇게 병기는 더욱 공부에 빠져들었습니다.

4학년 2학기, 병기는 마침내 우등생이 되었습니다. 아저씨의 말씀이 그대로 이루어진 것입니다.

아저씨는 병기를 극장에도 데리고 다녔습니다.

"병기야, 우리 국도 극장에 가자."

"무슨 영화가 하는데요?"

병기는 신이 나서 따라나섰습니다.

"영화가 아니고 창극이야. 명창들이 나와서 〈춘향전〉을 하거든."

병기는 명창들의 공연을 처음 보기 때문에 약간 어리둥절한 마음으로 앉아 있었지만 아저씨는 넋을 잃고 무대에 집중했습니다.

공연이 끝나고 돌아오는 길에 아저씨는 꿈을 꾸는 듯한 음성으로 말했습니다.

"오늘 공연 참 기가 막히더라. 네가 그 맛을 알려면 한참 있어야 할 거야."

병기는 어른이 되어서도 이날의 공연을 잊지 않았습니다. 그 '맛'을 반드시 찾아보겠다는 생각을 마음 깊은 곳에 간직해 두었기 때문입니다.

병기에게 잊을 수 없는 스승이 되어 준 김소열 아저씨는 1950년 한국전쟁 때 행방불명이 되며 다시 만나지 못했습니다.

학교 대표 독창자

서울 재동초등학교는 학교 수업이 끝나면 꼭 방과 후 특별활동을 했습니다. 습자(붓글씨), 주판, 무용, 음악 같은 여러 부서 가운데 하나씩은 꼭 참가하라고 해서 병기는 음악부에 들어갔습니다. 어디에 매이고 공부하는 걸 싫어하는 병기에게 노래만이 공부가 아닌 것처럼 여겨졌습니다. 조금씩 책을 읽고 공부에 취미를 붙이기 시작했지만 완전한 공부벌레가 되기 전이었습니다. 운동을 잘하는 병기는 체

육부에 들까도 생각했지만 노래 쪽에 마음이 더 끌렸습니다.

병기는 음악부에서 특히 돋보였습니다. 월요일 아침에는 강당에 모여 학예회 비슷한 발표회를 했는데 병기는 독창자로 뽑혀 아이들 앞에서 노래를 불렀습니다. 〈심청전〉 가운데 한 부분을 전교생 앞에서 낭독하기도 했습니다.

4학년 담임인 염숙경 선생님은 그런 병기를 늘 사랑스러운 눈빛으로 보았습니다.

'참 신통하단 말이야. 작년까지만 해도 낙제생이던 아이가 어찌 공부를 잘하기 시작했을까? 골목대장의 목에서 어떻게 저런 멋진 소리가 나올까?'

염숙경 선생님은 재동초등학교 음악 선생님 중 한 분으로, 특히 병기를 귀하게 여겼습니다.

'큰 재목이야. 큰 재목. 공부에도 열심이지, 노래 잘하지, 활달하게 다른 아이들하고도 잘 놀지.'

어느 날 오후 음악부 수업이 끝난 후 염숙경 선생님은
"황병기는 좀 남았다 가거라."

하며 다른 아이들을 보내고 병기만 남게 했습니다.

아이들이 다 돌아가자 선생님은 밝게 웃는 얼굴로 말했습니다.

"병기야, KBS에서 이 노래를 불러 달래. 처음 나온 노래인데, 작곡가가 꼭 우리 재동학교 아이가 불렀으면 좋겠다는 거야. 병기, 네가 부르렴."

병기는 어리둥절했습니다. 학교 아이들 앞에서 여러 번 노래를 불렀지만 방송에 나간다니 듣기만 해도 가슴이 두근거렸습니다.

"시간이 없어. 오늘부터 연습해야 해. 자, 먼저 선생님이 부를 테니까 들어 봐."

이렇게 해서 배운 노래는 강소천이 작사하고, 김성도가 작곡한 〈보슬비의 속삭임〉입니다.

요즘처럼 녹음이나 녹화를 하는 게 아니기 때문에 한 치의 실수도 없이 완벽하게 불러야 했습니다. 그러기 위해서는 또 수없이 연습해야 했습니다.

"자, 다시 해 보자. 방송국에서 틀리지 않으려면 더 연습

해야 해."

병기는 염숙경 선생님 반주에 맞춰 날마다 연습했습니다.

"여기선 좀 작은 소리로 나가다가 동그라미에서 크게. 자, 다시 해 보자."

마침내 방송국 마이크 앞에 서는 날. 병기는 학교에서 연습한 대로 훌륭하게 해냈습니다.

나는 나는 갈 테야 연못으로 갈 테야
동그라미 그리러 연못으로 갈 테야

나는 나는 갈 테야 꽃밭으로 갈 테야
꽃봉오리 만지러 꽃밭으로 갈 테야

병기의 맑고 깨끗한 노래는 라디오를 타고 전국으로 퍼져 나갔습니다.

"참 잘했다, 참 잘했어. 학교에서 할 때보다 더 잘했어."

염숙경 선생님만이 아니라 방송국 사람들도 병기의 노래를 칭찬했습니다.

염 선생님은 더욱 병기를 귀여워했습니다. 자장면도 사 주고 영화 구경도 시켜 주었습니다. 라디오 어린이 방송 가운데 인기 연속극 〈똘똘이의 모험〉이 영화로 만들어져 극장에 걸렸을 때도 병기는 선생님을 따라 극장에 갔습니다.

'와 재미있다!'

병기는 그때의 황홀함과 선생님에 대한 고마움을 잊지 않고 가슴에 꼭 품었습니다. 그리하여 1993년 방송에 출연해 염 선생님을 만났습니다. 50년 만의 만남입니다. 병기가 선생님의 모든 것을 기억하는 것처럼 선생님도 병기의 어린 시절을 고스란히 가슴에 간직하고 있었습니다.

부산 피난 시절 만난 가야금

병기는 중학생이 되었습니다.

내로라하는 수재들만 들어간다는 경기중학생이 되었지만 병기는 늘 운동 잘하는 친구들과 몰려다녔습니다. 이런 병기였기 때문에 중학교에 가면서 자연스럽게 유도부에 들어갔습니다.

1학년이던 어느 날 병기는 파고다공원(현재 종로 2가 탑골공원)에서 씨름 대회가 열린다는 이야기를 들었습니다.

"이기면 공책 한 권까지 준대."

"정말? 상도 준대?"

모든 것이 귀하던 때라 상으로 공책까지 준다는 소리에 병기는 귀가 솔깃했습니다. 대회에 나가기로 마음을 굳혔습니다.

마침내 그날이 왔습니다.

"와, 병기가 이겼다!"

병기는 거뜬히 한 명을 넘어뜨리고 새로운 상대를 맞았습니다.

'어? 이놈 봐라. 만만치 않네.'

두 번째 상대는 힘도 기술도 좋았습니다.

"다리 걸어! 다리 걸어!"

응원 온 병기 친구들이 주먹을 쥐며 소리쳤습니다.

병기는 다리를 걸었지만 오히려 균형을 잃고 쓰러질 뻔했습니다.

'작전을 바꾸어 밀리는 척하다가 후다닥 기습 공격을 하자.'

병기는 뒤로 밀리는 척하다 순식간에 다리를 걸어 상대를 넘어뜨렸습니다.

함성이 터졌습니다. 병기는 지칠 대로 지쳤지만 또 다음 상대를 맞아야 했습니다. 이번 상대는 어른처럼 덩치가 컸습니다. 커다란 바위 같았습니다.

'이 친구가 힘을 쓰기 전에 빨리 끝내야 해.'

시작 신호에 병기는 후다닥 다리를 걸었습니다. 커다란 바위는 힘 한 번 쓰지 못하고 꽈당 넘어졌습니다. 병기는 두 손을 번쩍 들었습니다.

"병기야!"

친구들이 우르르 모래판으로 모여들었습니다.

병기는 천하장사였다는 외가 친척들을 떠올렸습니다. 사업을 하는 아버지는 몸이 약해 한약을 달고 살았지만 장사 집안의 후예인 어머니는 늘 활기가 넘쳤습니다.

"쟤가 아무래도 외탁(생김새나 성질 따위가 외가 쪽을 닮음)했나 봐요."

늘 활기 넘치고 씨름 잘하는 병기를 두고 사람들은 이렇

게 말했습니다.

병기는 날마다 연무관으로 유도를 하러 다녔습니다. 연무관은 지금 서울프라자 호텔 자리에 있었는데, 서울에서 가장 유명한 도장이었습니다.

'석 달 동안 낙법만 하고 있어. 유도는 언제 하는 거야?'

연무관에 처음 들어갔을 때는 정말 지루했습니다. 그러나 낙법 연습이 끝나고 본격적인 유도 연습을 하자 병기는 즐겁게 유도에 매달렸습니다. 훈련이 끝나면 너무 더워 얼음이 꽁꽁 언 겨울에도 찬물로 씻어야 했습니다.

"나는 유도 끝나고 찬물로 씻고 집으로 걸어갈 때 참 좋아. 행복해."

병기는 태평로에서 계동까지 걸으며 친구들과 이런 이야기를 나누기도 했습니다. 유도를 할 수 있기에 하루하루가 즐거웠습니다.

경기중학교에 다니던 중 큰일이 터졌습니다.

북한 인민군이 휴전선을 넘어 쳐들어왔습니다. 1950년 6

월 25일 한국전쟁입니다.

　북한군은 숨 쉴 틈도 주지 않고 순식간에 낙동강까지 밀고 내려왔습니다. 한미연합군이 인천 상륙 작전에 성공하며 곧 통일이 이루어지는 듯했지만, 중국인민지원군이 아무런 발표도 없이 압록강을 건너 북한군을 돕기 위해 내려왔습니다. 국군과 유엔군은 다시 힘을 모아 막아 보았지만 물밀듯이 밀려오는 중국 군대를 막을 수 없었습니다. 결국 서울마저 위태로워졌습니다.

　한국 정부는 부산으로 철수했고, 1951년 1월 4일, 서울은 중국인민지원군 손에 들어가고 말았습니다. 뒤늦게 서울 사람들은 부랴부랴 피난길에 올랐습니다. 정부도 학교도 모두모두 남쪽으로 짐을 옮겼습니다. 이 일이 1·4후퇴입니다.

　병기네도 다른 사람들처럼 부산으로 내려갔습니다. 서울에 있던 학교들도 부산에서 문을 열었습니다. 병기가 다니는 경기중학교도 부산으로 옮겨 갔습니다.

　부산의 경기중학교는 처음에 길가 전봇대에 칠판을 걸어

놓고 땅바닥에서 수업을 했습니다. 그러다가 대신동에서 천막을 치고 천막 학교를 시작했습니다.

어느 날 체육 시간이 끝나고 교실로 들어가기 위해 아이들이 흩어질 때였습니다.

"야, 황병기. 너 가야금 배우러 다니지 않을래?"

병기에게 말을 건 친구는 반장인 홍성화였습니다.

"가야금?"

병기는 홍성화의 입에서 가야금 소리가 나온 게 뜻밖이어서 잠시 멍했습니다. 책을 많이 읽어 모르는 게 없다고 소문난 병기입니다. 그런데 병기는 그때까지 가야금을 본 일도 없고 그 소리를 들은 적도 없었습니다.

'국사 시간에 가야금 이야기를 듣기는 했어. 그런데 그 악기가 지금도 있단 말이야?'

병기는 가야금이 역사에나 나오는 악기인 줄 알았습니다. 그러나 자존심이 강한 병기는 가야금을 모른다고 하기 싫었습니다. 그래서 자기도 모르게

"가야금? 배워 볼까?"

하고 별로 관심 없다는 투로 그러나

'네가 하는데 나라고 못 할 거 없지.'
하는 마음으로 대꾸했습니다.

"야, 그런데 어디서 가야금을 배워?"

"내가 다 알아. 병기야, 학교 공부 끝나면 너희 집으로 갈게. 같이 가자."

"알았어."

그날 오후 성화를 따라 간 곳은 병기네 학교 옆이었습니다. '김동민 고전무용연구소' 간판이 걸린 건물 안으로 성화는 성큼성큼 들어갔습니다. 일본식 이층집. 거침이 없던 성화는 갑자기 조심스러워졌습니다.

두 아이는 나무 층계를 올라갔습니다. 2층 유리창 안은 넓은 다다미방(일본식 돗자리를 깐 마루방)이었습니다. 무용 연습하는 장소라는 것을 한눈에도 알 수 있었습니다. 북이며 장구, 소고 같은 게 옆으로 정리되어 있고, 아직 강습 시간이 안 된 것인지 머리를 땋은 여학생 몇이 창가에 서서 이야기를 하고 있었습니다. 병기와 성화가 들여다보는 줄도 모릅니다.

"여기서 가야금도 배워?"

병기가 소리를 낮춰 물었습니다.

"가만있어 봐. 분명히 여기서 악기 소리가 났는데……."

지금까지와는 달리 성화는 자신 없게 말하며 주변을 두리번거렸습니다.

그런데 바로 그때였습니다.

"이놈들! 사내놈들이 뭐 하러 여길 왔어?"

바로 뒤에서 두 아이의 목덜미를 잡으며 소리치는 사람이 있었습니다.

"여자아이들 희롱하러 왔지? 교복까지 입고 겁도 없이 이놈들이!"

남자아이들이 무용 연구소로 찾아왔다는 게 당시로는 있을 수 없는 일입니다. 호통을 친 그 아저씨는 아래층에서 두 아이가 올라가는 것을 보고 뒤따라온 것입니다.

"우린 가야금 배우러 왔는데요. 여기서 소리가 나서요."

성화가 머뭇거리며 말했을 때, 아저씨의 눈빛이 반짝 빛

났습니다.

"뭐라고?"

"가야금 배우러 왔다고요."

그 소리에 아저씨의 목소리는 단번에 누그러졌습니다.

"그래? 그럼 이리 내려와."

이 아저씨가 바로 대구 출신의 김철옥 선생으로, 무용연구소 아래층에서 가야금을 가르치고 있었습니다. 병기와 성화는 그를 따라 방으로 들어갔습니다.

'아, 저게 가야금이구나.'

병기는 벽에 세운 악기를 보았습니다.

"남자아이들이 가야금을 배우겠다니, 기특한 생각을 다 했군."

김철옥 선생은 벽에 세워 둔 악기를 들어 무릎에 올려놓았습니다. 그리고 천천히 가야금 현을 뜯었습니다.

'아!'

병기는 숨이 탁 막혔습니다.

잔잔하게 때로는 격정적으로 흘러나오는 가야금 소리.

그것은 병기가 지금껏 들어 온 음악 중 가장 새롭고 신비한 것이었습니다. 병기는 신비스러운 음악에 심취하여 숨을 제대로 쉴 수가 없었습니다. 명주실로 꼬아 만든 열두 줄 가야금의 소리는 병기 귀로 들어와 온몸으로 퍼져 나갔습니다. 병기는, 가야금 소리를 타고 다른 세계로 가는 느낌을 받았습니다.

어릴 때부터 집에 축음기가 있었기 때문에 병기는 다른 아이들에 비해 많은 음악을 들은 편이었습니다. 음악을 좋아하는 누나 덕분에 유명하다는 서양의 클래식 음악도 자주 들었습니다. 그러나 가야금 소리는 그런 음악들하고는 전혀 달랐습니다. 클래식을 들을 때는 이처럼 가슴이 벅차지 않았습니다. 그리고 김소열 아저씨를 만나며 이런저런 음악 발표회에도 다녀온 터였습니다. 그러나 가야금처럼 마음을 흔드는 음악은 만나 보지 못했습니다.

김철옥 선생은 연주를 마치고 가야금을 다시 벽에 세웠습니다.

"어때? 들을 만해?"

선생은 가만히 웃으며 물었습니다.

"선생님, 저도 배우고 싶은데 가르쳐 주실 수 있어요?"

병기는 가야금 연주를 들으며 배우기로 단단히 결심을 했습니다. 어떻게 해서라도 가야금을 배우고 싶었습니다. 성화도 배운다고 했습니다.

그날 집으로 들어간 병기는 꾸물거리지 않고 가야금을 배우겠노라고 아버지 어머니께 선언했습니다.

"가야금? 피아노도 아니고 가야금을 배운다고?"

어머니는 병기 마음이 어떤지도 모르고 웃으며 말했습니다.

"그 케케묵은 가야금을 어디다 쓰려고 배운단 말이냐? 신식 교육을 받는 애가 왜 이리 고리타분하지?"

"어머니는 가야금 소리가 얼마나 멋있는지 몰라서 그런 소릴 하시는 거예요. 어머니도 들어 보시면 배우고 싶으실 거예요."

"너 가야금 소리를 직접 들어 보기라도 하고 그런 말을 하는 거니?"

"그럼요. 오늘 성화랑 같이 학원에 가서 가야금 소리를 듣고 왔어요."

그 소리에 잠자코 듣고 있던 아버지도 입을 열었습니다.

"병기야, 가야금은 대학에 들어간 다음 해도 된다. 지금은 공부에 전념할 때야. 학교 공부를 하기에도 시간이 부족한데 무슨 뚱딴지같은 소리냐. 그런 고리타분한 것을 배워 뭐에 쓰겠다는 거냐."

아버지와 어머니, 음악을 좋아하는 누나까지 모두 반대하고 나섰습니다. 아무리 이야기해도 소용없다는 것을 느낀 병기는 새로운 작전으로 나왔습니다.

"아버지, 공부 하나만 해선 폭 넓은 인간이 될 수 없어요. 제가 커서 무엇을 전공할지 모르지만 장차 큰 인물이 되려면 예술 하나 정도는 취미로 삼아야 해요. 아버지, 아인슈타인 아시지요?"

"상대성원리 아인슈타인?"

"네. 세계적인 과학자잖아요."

"그래서?"

무슨 허튼 소리냐는 듯 어머니가 병기에게 물었습니다.

"그 유명한 과학자도 바이올린 연주를 잘했대요."

"그래? 사실이야?"

아버지가 반응을 보이기 시작했습니다. 병기는 기회를 놓치지 않고 바로 말했습니다.

"아버지, 제가 책에서 읽었는데요, 유명한 사람들 중에 음악 애호가가 많더라고요."

병기의 끈질긴 노력에 마침내 어머니 아버지는 설득되고 말았습니다.

이렇게 해서 병기는 가야금을 배우기 시작했습니다. 중학교 3학년 때입니다.

그런데 처음 가야금을 배우자고 들쑤신 친구 홍성화는 부모님의 반대로 나오지 못했고, 병기 혼자 배웠습니다. 병기는 가야금 음악이 그렇게 좋았습니다.

'세상이 무너져도 가야금을 꼭 배우고 말겠어.'

병기는 학교가 끝나면 곧장 가야금을 배우러 갔습니다.

가야금을 시작하면서 좋아하던 운동을 끊었습니다. 학교

가 부산으로 옮기며 유도부가 흐지부지되고, 유도하던 친구들이 하나둘 태권도를 배우기 시작했을 때 병기는 혼자 떨어져 가야금에 빠진 것입니다.

'운동을 하다가 손이라도 다치면 가야금을 연주할 수가 없어. 아쉽지만 가야금을 위해선 할 수 없지.'

공부를 게을리하지는 않았습니다. 혹시 성적이 떨어지면 부모님이

"안 되겠다. 가야금 배우는 것 그만둬라."

할까 봐 학교 공부는 더욱 열심히 했습니다.

어느 정도 가야금에 대해 알게 되고 짧은 곡이라도 연주를 하게 되자 병기에겐 또 하나 욕심이 생겼습니다.

'집에도 가야금이 있다면 틈틈이 연습을 할 텐데.'

병기는 언제부터인가 이런 생각을 하기 시작했습니다. 그래서 어머니에게 가야금을 사 달라고 졸라 대기 시작했습니다.

"어머, 애가 정말. 보자보자 했더니 가야금을 사 달라고? 그럭저럭 배우다 말 악기를 뭐 하러 사누?"

"아이 참. 엄마는 내가 얼마나 연주를 잘하는지 궁금하지도 않아요?"

"궁금할 것도 많다. 어서 공부나 해."

어머니는 절대 안 된다고 못 박듯이 말했습니다. 배우도록 한 것만도 감지덕지지, 가야금을 사 내라 하냐고 펄쩍 뛰었습니다. 아버지도 누나도 가야금을 사는 것에는 모두 반대하고 나섰습니다.

"내가 가야금 타는 것을 보면 모두 놀랄 텐데. 내가 얼마나 잘 타는지 몰라서 그래."

기회가 있으면 이렇게 허풍까지 떨어 보았지만 식구들의 마음은 흔들리지 않았습니다.

그러던 어느 날입니다. 병기가 책을 읽고 있는데 누나가 불렀습니다.

"병기야, 너 저런 곡도 할 수 있어?"

"무슨?"

갑자기 누나 방으로 불려간 병기는 그게 무슨 소리인지 몰랐습니다.

"지금 라디오에서 나오는 저 가야금 소리 말이야. 참 듣기 좋다. 너도 저런 곡 연주할 수 있니?"

그제야 병기는 라디오에서 들려오는 가야금 소리에 귀를 기울였습니다. 병기는 마음속으로 '옳거니!' 했습니다. 그러나 흥분해선 안 됩니다. 누나의 마음을 사로잡을 기회를 놓쳐선 안 됩니다. 병기는 심드렁하게 말했습니다.

"아 저거. 저거 아주 쉬운 곡이야. 저런 곡쯤이야 눈을 감고도 연주할 수 있어."

사실은 병기도 모르는 연주곡이었습니다.

"가야금만 있으면 내가 누나를 가르쳐 줄 수도 있는데. 저런 곡은 며칠만 배워도 금방 탈 수 있어. 내가 나중에 가야금 사면 누나부터 가르쳐 줄게."

병기는 누나의 호기심을 잔뜩 부풀려 놓았습니다.

"누나, 누나도 가야금 사 주라고 말해. 알았지?"

누나에게도 부탁했습니다.

하루는 온 식구들이 저녁을 먹는데 어머니가 뜻밖의 말을 했습니다.

"병기야, 내가 없어도 누나 말 들으면서 공부 열심히 해라. 부산에서는 가야금을 구할 수 없을 거야. 전주가 예술을 즐기는 예향(藝鄕)이니 거기 가면 있을지 모르겠다. 공부 열심히 하며 기다리렴."

"엄마, 정말?"

병기는 깜짝 놀랐습니다. 조르기는 했지만 가야금을 구하러 전주까지 간다는 게 믿어지지 않았습니다.

지금은 가야금 인구가 늘어 1년에 1만 대 정도가 팔리지만, 병기가 가야금을 배울 때만 해도 전국에서 팔리는 가야금은 열 대 정도였습니다.

어머니는 며칠 뒤에 돌아왔습니다. 병기에게 그 며칠은 1년보다 길었습니다. 가야금을 구하러 갔다가 친척들까지 만나느라 늦어진 엄마가 야속했습니다.

"엄마, 이게 가야금이야?"

가야금은 검정색 헝겊 자루에 싸여 있었습니다. 자루를 벗기자 가야금이 모습을 드러냈습니다. 머리 부분이 화려한 가야금이었습니다. 김철옥 선생님 방에서 본 가야금보다 더 멋졌습니다. 병기 마음은 붕 부풀어 올랐습니다. 꿈을 꾸는 것 같았습니다.

'엄청나게 좋은 악기인가 보다.'

병기는 줄을 대강 맞추고 음을 튕겨 보았습니다.

"와!"

병기네 집에서 처음 터져 나온 가야금 소리에 식구들은 눈이 둥그레지고 입이 저절로 벌어졌습니다.

병기는 식구들 앞에서 첫 발표회로 민요 몇 곡을 탔습니다. 식구들은 고개도 끄덕이고 무릎으로 장단도 맞추었지만 흡족해 보이는 표정은 아니었습니다. 신통치 않은 소리에 특히 누나가 실망하는 눈치였습니다.

"병기야, 다른 것 해 봐. 저번에 방송에서 들은 그런 곡 말이야."

누나가 간절한 소리로 부탁했습니다. 그러나 병기는 솔직히 그 곡이 무슨 곡인지도 몰랐습니다.

"누나 나중에…… 내가 하고 싶은 것부터 좀 해 보고."

병기는 어색하게 웃으며 위기를 넘겼습니다. 누나는 그

런 병기의 마음을 엿보았는지 웃기만 할 뿐 더 강요하지는 않았습니다.

식구들의 마음을 흡족하게 하지는 못했지만 병기는 그 가야금 때문에 잠을 제대로 이루지 못했습니다. 자다가도 깨어 불을 켜고 가야금을 보았고, 아침에 눈을 떠 하루를 시작하기 전에도 가야금부터 보았습니다. 온 세상을 다 가진 것처럼 마음이 뿌듯했습니다.

나중에, 가야금에 대해서 많이 배운 뒤에 안 것이지만 그토록 애지중지한 그 악기는 사실 썩 좋은 게 아니었습니다. 어머니가 전주까지 가서 수소문해 좋은 것으로 산다고 샀지만, 그것은 일본의 현악기인 '고도'를 흉내 낸 말도 안 되는 가야금이었습니다. 가야금이라고 할 수 없는 것을 어머니가 모르고 사 온 것입니다.

병기는 가야금 소리가 좋아 열심히 했지만 사람들은 고개를 갸웃거렸습니다. 교복을 입고 가야금을 갖고 다닐 때 등 뒤에서 대놓고 비웃는 여학생들도 있었습니다.

"쟤 좀 봐. 저거 가야금 아니니?"

"맞아. 남자애가 가야금을 다 배운다니?"

"음악을 꼭 하고 싶으면 피아노나 바이올린같이 멋진 악기를 하지."

"아유 촌스러워."

병기는 이런 말에도 끄덕하지 않고 열심히 가야금을 배우러 다녔습니다. 배우면 배울수록 가야금 소리가 좋았습니다.

정악과 산조

"병기야, 가야금 연습 잘돼?"

어느 날 성화가 다가와 물었습니다.

"응. 열심히 하고 있어."

"병기야, 이왕이면 더 권위 있는 선생님한테 배우는 게 어때? 국립 국악원이 부산에 내려왔대."

"그래? 어딘지 알아?"

"알아. 오늘 내가 데려다 줄게."

성화를 따라 간 곳은 용두산 꼭대기에 자리 잡은 피란 국악원이었습니다.

전쟁 중이긴 했지만 부산에 처음 세워진 국악원은 초라하기 그지없었습니다. 산꼭대기 높은 곳, 창고같이 허름한 집을 칸칸이 갈라 막고 사무실, 연주실을 꾸몄을 뿐 아니라 그곳 악사들의 살림집까지 만들어 놓아 더욱 허름하고 조잡해 보였습니다.

국악원에서 병기는 김영윤(1911-1972) 선생을 만났습니다. 그는 국악원에 하나뿐인 가야금 악사였습니다.

"병기야, 봐라. 이 가야금은 정악을 타는 가야금이야. 궁중에서 연주하던 음악이 정악이야. 민속악을 타는 산조 가야금하고는 다르지? 정악을 타는 가야금은 법금(法琴), 풍류 가야금이라 부른단다."

병기는 김철옥 선생이 쓰던 가야금이 산조 가야금이라는 것을 비로소 알게 되었습니다. 병기는 김철옥 선생에게서 민요 같은 간단한 음악만 배웠습니다.

법금은 꼬리 부분이 양머리 모양입니다. 산조 가야금보

다 크기도 컸습니다.

"여기서는 이런 악보로 궁정 음악을 배운단다."

김영윤 선생은 누런 악보 책을 펼쳐 보였습니다.

그것은 정간보였습니다. 반듯한 네모 칸에 음 이름(율자)들이 쓰여 있었습니다. 그때까지 병기는 악보 없이 입으로만 가야금을 배웠습니다. 선생님이 먼저 하면 그대로 따라 하며 곡을 외워 나갔습니다.

'이제 내가 정통으로 가야금을 배우나 보다. 성화야 고맙다.'

병기는 이런 생각을 하며 조심스럽게 입을 떼었습니다.

"동네에서 가야금을 조금 배우긴 했습니다."

"그래? 지금 같은 때에 가야금을 배울 생각을 하다니 반갑구먼. 우리 열심히 해 보자고."

선생님은 크게 기뻐하며 정악 공부를 시작했습니다.

병기는 학교 공부가 끝나면 국악원으로 향했습니다. 취미로 배우려는 단체 강습 말고 병기처럼 개인으로 배우겠다는 제자가 없었기 때문에 선생님은 병기에게 더욱 많은 것을 가르쳐 주려고 애썼습니다. 병기도 더 열심히 가야금에 매달렸습니다.

김영윤 선생에게서 〈영산회상〉을 옛날 아악 수법으로 배우기 시작한 날은 날아갈 것 같았습니다.

'아, 나도 마침내 〈영산회상〉을 배우는구나.'

〈영산회상〉은 악기로 연주하는 우리 음악 중 가장 많이 알려진 곡입니다. 역사 드라마에 꼭 나오는 음악이라 해도 크게 틀리지 않습니다. 우리 음악을 공부하는 사람들이 기본 공부를 끝내고 본격적인 기악 공부를 할 때 가장 먼저 힘을 쏟아 배우는 곡이기도 합니다.

국악 연주단이나 개인이 처음으로 발표회를 할 때도 〈영산회상〉은 꼭 등장합니다. 〈영산회상〉은 주로 합주로 연주하지만 독주로도 많이 연주하는 곡입니다. 서양 음악은 독주, 중주, 합주로 구분이 분명하지만 우리 음악은 독주가 모여 중주나 합주를 할 수 있습니다. 국악이 서양 음악과 다른 점입니다.

'〈영산회상〉은 연주할수록 좋다. 세계 어느 나라 음악에서도 들을 수 없는 기품 있는 음악이야. 우리나라 사람들은 〈영산회상〉이 귀에 익었으면서도 곡의 이름이 뭔지는 몰라. 베토벤이나 모차르트 음악은 척척 잘 아는 사람들도 말이야.'

병기는 〈영산회상〉을 배우며 국악의 현실도 하나씩 깨달았습니다. 국악을 좋아하는 사람들도 우리 악기나 장단에 대해서는 너무 몰랐습니다.

병기는 〈영상회상〉에 푹 빠졌습니다. 가야금을 잡지 않을 때도 입으로 흥얼거렸습니다. 점점 가야금에 빠져가는 병기의 모습을 보며 김영윤 선생은 흐뭇해했습니다.

"내일은 일요일이니까 쉬는 날이지? 그래도 병기는 가야금 타고 싶지?"

"네, 선생님!"

"좋아. 내일은 내가 너의 집으로 가마."

"정말요? 선생님 고맙습니다!"

이처럼 선생님은 병기를 아꼈습니다. 국악원이 쉬는 일요일에는 집에까지 와서 병기를 가르쳤습니다.

그날도 병기는 학교 공부를 끝내고 국악원으로 달려갔습니다. 그런데 국악원 문을 열려는 순간 지금까지와는 전혀 다른 가야금 소리가 마음을 파고들었습니다.

'김영윤 선생님이 타는 게 아니야. 누구지?'

가야금 가락은 병기의 마음 구석구석으로 흘러들었습니다. 병기는 소리 안 나게 가만히 문을 열었습니다.

'저 분이 누구지? 처음 보는 분이다. 누군데 여기 국악원에서 가야금을 타는 걸까?'

손가락이 보이지 않을 정도로 가야금을 뜯는 노인. 그는 심상건(1889-1965) 명인이었습니다. 그의 소리는 코앞으로 바람이 스쳐 지나가는 것 같기도 하고, 안개구름이 피어오르는 것 같기도 했습니다. 그 연주를 듣기 위해 국악원 악사들이 주위를 빙 둘러싸고 있었습니다.

'다르다. 우리 선생님이 연주하는 정악과는 정말 달라. 내 마음을 다 파고들어. 나도 저걸 배워야겠어.'

병기는 연주가 끝나자 김영윤 선생에게 물었습니다.

"선생님, 저 분은 누구세요?"

"저 분?"

김영윤 선생은 엄지손가락을 치켜들며 말했습니다.

"우리나라 가야금 산조의 제일인 심상건 선생이지."

"선생님, 저에게도 저런 음악을 가르쳐 주세요."

"나는 민속악은 못한다. 저 음악은 전문가가 따로 있지."

정악이 전문인 김영윤 선생은 간절한 병기 마음과는 달리 시큰둥하게 말했습니다.

"그럼 저 분에게 배울 수 있나요?"

"힘들 거야. 옆에서 반주를 하던 분도 산조를 잘 타는데, 그 분한테는 배울 수 있을 거야."

"옆에서 장구 반주하던 분이요?"

"그래."

병기는 궁중 음악인 정악 연주자들이 서민 음악인 산조를 낮춰 생각한다는 것을 전혀 몰랐습니다. 그들은 민속악인 산조를 '허튼 가락'이라 낮추어 불렀습니다.

'정악도 좋지만 산조도 배울 만하다. 사람의 마음을 흔드는 것은 정악보다 산조야.'

결국 병기는 장구를 잡았던 김윤덕(1916-1978) 선생에게 산조를 배우기 시작했습니다. 산조를 배우면서 정악 공부도 게을리하지 않았습니다.

정악과 산조를 동시에 익힌 국악인은 황병기가 처음입니다. 그전에는 정악 연주가와 산조 연주가가 엄격하게 구별되어 있었고, 정악을 하는 사람들은 자신들의 음악이 더 질 높은 음악이라고 생각하고 있었습니다. 그러나 병기의 생각은 달랐습니다.

'산조는 산조대로 가치가 있다. 사람들의 복잡한 마음을 표현하는 데는 산조가 더 나아.'

어린 병기지만 나름대로 이런 정리까지 하였습니다.

정악과 산조는 모두 가야금을 타서 연주하지만 여러 가지로 달랐습니다.

정악에서는 줄을 옆으로 밀며 단단한 소리를 내고 감정을 쉽게 드러내지 않습니다. 잔재주도 될 수 있는 한 쓰지 않습니다. 그러나 민속악이라고 하는 산조는 줄을 위로 뜯으며 부드러운 소리를 내고, 다양하고 풍부한 감정 표현을 위해 여러 가지 재주를 부려 화려한 기교로 연주합니다.

이렇게 다른 두 음악을 다 잘하는 연주자는 없었고, 정식으로 배우는 사람도 없었습니다. 그러나 병기는 고집스레 두 가지를 다 배웠습니다.

학교가 끝나면 김윤덕 선생 댁에 들러 산조를 먼저 배운 다음 국악원에 들러 김영윤 선생에게서 정악을 배웠습니다. 아니면 국악원에 먼저 들러 정악 수업을 받고 저녁을 먹은 뒤 산조를 배우러 가기도 했습니다. 그러면서 공부도 열심히 했습니다. 어중간한 것을 싫어하는 병기는 정악도 산조도 공부도 똑같이 열심히 했습니다.

1951년부터 7년 동안 국악원에서 정악을, 1952년부터 6년간 산조를 배웠습니다. 1953년 부산 피난을 끝내고 서울로 온 다음에도 가야금 공부를 쉬지 않았습니다.

부산에서 방 한 칸을 얻어 살던 김윤덕 선생은 병기를 집으로 데려와 가르쳤습니다. 그러나 가 보면 자물쇠가 채워진 날이 많았습니다.

"선생님 계세요?"

안 계신 줄 알면서도 병기는 크게 소리치곤 했습니다.

'빨리 산조를 배우고 싶은데 선생님은 왜 안 오시는 거야?'

안 계시면 기다려야 했습니다. 10분 20분 30분……. 때로는 야속하기도 하고 너무한다는 생각이 들기도 했지만 병기는 마냥 기다렸습니다. 손전화가 없을 때여서 연락을 할 수 있는 것도 아니었습니다.

이런 선생님이었지만 김윤덕 선생은 제자들을 끔찍이 아꼈습니다. 아무리 어린 제자들이지만 꼭 '제자님'이라 불렀습니다. 국악인들 사이에서도 인기가 좋았습니다. 그는 국립 국악원의 첫 번째 민속 음악 악사가 되어 학생들을 가르치는 일에도 많은 힘을 기울였습니다. 전쟁이 끝나고 국악원이 서울 운니동으로 옮겨 왔을 때 그에게는 방 하나를 특별히 내주어 학생들을 맘껏 지도할 수 있도록 했습니다. 전쟁이 끝나고 서울에 와서도 병기는 계속 김윤덕 선생에게 산조를 배웠습니다. 병기는 어느새 중학교를 졸업하고 경기고등학교 학생이 되어 있었습니다.

고등학생인 병기에게 국악계의 유명한 분들을 소개해 준 사람도 김윤덕 선생입니다. 명창 김소희 선생과 가야금 산조의 거물인 성금연·김죽파·신쾌동·한갑등 같은 분들을 만났습니다. 그러면서 병기는 국악이 어떤 음악인지를 더욱 잘 알게 되었습니다. 그때 배우게 된 것들이 훗날 가야금 작곡을 하는 데 큰 도움이 되었습니다.

병기에겐 여러 스승이 계시지만 특히 김영제 할아버지는 잊지 못하는 분입니다. 단 한 번이었지만 가야금을 잘 연주하려는 병기에게 잊을 수 없는 큰 가르침을 주었습니다.

부산 국악원에서 가야금을 배우던 때, 국악원에 드나드는 아주 야윈 할아버지 한 분이 계셨습니다. 그 할아버지는 허름한 차림새였지만 눈빛만은 맑게 빛났습니다. 소년같이 순수하면서도 열정 같은 것으로 불타오르는 듯한 눈빛이었습니다.

병기는 그 할아버지를 볼 때마다 언젠가 책에서 읽은 '형형하다'란 말이 떠올랐습니다. 형형한 눈빛. '형형하다'는 눈빛 따위가 반짝거릴 때 쓰는 말입니다.

눈빛이 형형한 그 할아버지는 가끔 병기가 가야금 타는 것을 말없이 지켜보기도 했는데, 부지런하고 열심히 하는 병기를 좋게 보는 것 같았습니다.

그날도 병기는 김영윤 선생님에게 배우기 위해 국악원에 들렀습니다. 선생님이 안 계셔서 병기는 선생님을 기다리며 조그만 연습실에 들어가 연습을 했습니다.

창밖엔 저녁 어스름이 서서히 번지고 있었습니다. 딩그덩딩그덩 병기는 배운 부분 중에서 특히 잘 안 되는 부분을 몇 번이고 연습했습니다.

그런데 갑자기 문이 열리며 그 할아버지가 들어왔습니다. 할아버지는 잔뜩 화가 난 얼굴로 병기를 내려다보았습니다.

"가야금을 제대로 하려거든 부드러운 소리보다 단단한 소리를 써야 한다."

할아버지는 대뜸 이렇게 말했습니다. 병기는 멍하니 할아버지를 보았습니다.

"……되도록 단단한 소리를 써 버릇해야 해."

할아버지의 말이 윙윙 마음속에서 울렸습니다.

"그러려면 현침에 가까운 쪽의 줄을 뜯어야 하는 것이다."

"예……."

'현침(絃枕)'이란 가야금의 머리 쪽에서 줄을 받치는 나무 조각입니다. 가야금 '줄(絃)'이 베고 누운 '베개(枕)'라는 뜻입니다.

할아버지가 다시 입을 열었습니다.

"가야금을 하는 사람들이 보통 현침에서 먼 줄을 뜯어 부드러운 소리를 쓰길 좋아하지만 그런 소리는 가볍고 빈 소리니라. 다른 사람들처럼 쉬운 소리를 내려 하지 말고 어려운 소리를 써야 한다."

"네. 명심하겠습니다."

병기는 이날 들은 짧은 가르침을 마음에 깊이깊이 새겼습니다. 그게 무슨 뜻인지 그날은 온전하게 알 수 없었지만, 가야금을 배우는 동안 그 말이 얼마나 소중한 가르침인지를 알게 되었습니다.

'가야금 연주는 가냘프면서도 부드러워 보이지만 힘을 잃어서는 안 된다는 뜻이다. 다른 예술도 마찬가지야. 달콤한 시에도 숨은 힘이 있어야 독자를 감동시킬 수 있는 거야.'

병기는 평생 그 할아버지의 말을 잊지 않고 기억했습니다. 가야금을 연주하며 늘 단단한 소리를 내려고 애썼습니다. 물 흐르듯이 그냥 흘러가 버리는 소리가 아니라 한 음 한 음이 살아서 사람을 감동시킬 수 있는 소리를 내려고 안간힘을 다해 연주했습니다.

눈빛이 형형한 그 할아버지는 나중에 알고 보니 조선 왕조의 아악부(雅樂部) 아악사장(雅樂師長)을 지냈고 가야금을 전공한 김영제 할아버지였습니다.

중학생 영감, 고무신 대학생

중학생 때 병기는 학교에서 '영감'으로 통했습니다.

"여, 쟤가 영감 황병기야."

"영감처럼 가야금 한다는 애?"

"응. 쟤는 가야금이 그렇게 좋대."

"정말 웃긴다. 영감 같네. 가야금을 다 배우러 다니고."

"영감 같은 게 아니고 정말 영감이야, 쟤 별명이."

병기도 다른 학생들이 자신을 빈정대고 있다는 것을 모

르지 않았습니다. 하지만 그러거나 말거나 열심히 집과 학교와 국악원을 오갔습니다.

병기는 고등학교에 진학해서도 가야금을 놓지 않았습니다. 아니 오히려 더욱 열심히 가야금에 매달려 사는 것 같았습니다.

고등학교 2학년이던 1954년, 병기는 덕성여대가 주최하는 전국 학생 콩쿠르에 가야금 연주자로 출전했습니다. 그 당시 국악과가 덕성여대뿐이어서 참가자들도 대부분 학생들이었습니다. 병기가 보기에, 실력이 뛰어난 참가자는 없는 듯했습니다.

"다음 출연자는 황병기 군입니다. 현재 경기고등학교 2학년입니다."

황병기가 무대에 올라 가야금의 첫 음을 뜯기 시작했습니다.

'아니, 저런 소리를 어린 학생이 내다니……'

'경기고에 다니는 남학생이 가야금을 잘한다더니 정말이구나.'

'소문대로군. 앞으로 가야금계의 큰 인물이 되겠어. 계속해 주기만 한다면.'

심사위원들은 모두 깜짝 놀랐습니다.

병기는 담담하게 과제곡인 정악과 산조를 한 곡씩 연주했습니다.

마침내 심사 결과가 나왔습니다.

"가야금 산조 1등 서울 경기고등학교 2학년 황병기!"

우레 같은 박수가 터졌습니다. 병기는 활짝 웃으며 단상으로 뛰어나갔습니다.

다시 해가 바뀌어 병기는 서울 법대에 입학했고 여전히 가야금을 배우러 다녔습니다. 서울 법대생 황병기는 여전히 사람들의 눈길을 끌었습니다.

"야, 저 학생 좀 봐."

"누구 말이야?"

"저기 고등학생 교복에다 한복 바지 입은 학생."

"어디?"

"저기! 신도 고무신이네. 어깨에 맨 건 또 뭐지?"

"아, 저 학생이 황병기인가 보다. 고등학교 교복을 입고 다니는 법대생이 있는데 가야금을 엄청 잘한대. 근데 웃기긴 정말 웃긴다."

병기는 대학생이 되어서도 고등학생 교복 윗도리를 그대로 입고 다녔는데 친구가 물으면

"응? 아직 입을 만한데 왜 버려? 입던 옷이어서 편하고 좋잖아. 이 한복 바지도 편하고 고무신도 편하고. 너도 신어 봐. 아주 좋아."

하고 아무렇지도 않게 대답했습니다.

서울 법대생이 가야금을 한다는 것도 큰 화제인데 옷차림까지 독특했으니 황병기는 서울대에서 단연 화제의 인물이었습니다.

병기는 그런 차림으로 학교에 다녔고 학교가 끝나면 국립 국악원에 들러 가야금 연습을 하였습니다.

1957년 대학교 2학년 때, 병기는 KBS가 주최한 전국 국악 콩쿠르에서 다시 1등을 하면서 국악인들 사이에 그 이름이 더욱 알려지기 시작했습니다. 국악을 하는 사람들은

황병기를 자주 입에 올렸습니다.

가야금을 배우는 사람들은 대개 정악이나 민속악의 산조 중 한 가지를 택합니다. 그러나 황병기는 김영윤 선생에게서 가야금 정악을, 김윤덕 선생에게선 가야금 산조를 배웠습니다.

앞에서 이야기한 것처럼 정악은 궁중 의식에 쓰이거나 선비들이 즐기던 상류 음악입니다. 전통적으로 체면과 형식을 따지는 상류 사회의 음악이기 때문에 서민 음악인 산조보다 감정 표현이 절제됩니다.

이와 달리 산조는 기생이나 광대가 주로 했던 음악입니다. 정악은 그윽하고 품위에 차 있고, 형식적인 면을 중요시하지만 산조에는 서민들의 생활이 그대로 녹아 있습니다. 밑바닥 사람들만이 겪을 수 있는 슬픔과 한까지 그대로 표현한 진짜 쟁이들의 음악입니다.

정악과 민속악인 산조는 이렇게 다르기 때문에 악기도 다르고 손 놀리는 법도 다릅니다. 지금은 정악을 하면서

민속악인 산조도 배워 두 가지를 다 하는 사람들이 늘었지만, 황병기가 가야금을 배울 때만 해도 정악이나 산조 하나를 선택해서 배웠습니다.

정악, 산조 두 가지를 다 한 사람은 황병기가 처음입니다. 1호라고 할 수 있습니다.

병기는 정악, 산조 둘 다 배우고 둘 다 잘했지만 가야금 연주를 하는 시간이 쌓일수록 산조가 자기 체질에 맞는다고 느꼈습니다.

어릴 때부터 누구에게 매이는 것을 싫어했고 활달한 성격을 가진 그는 형식적인 면을 중요시하는 정악보다 서민들의 감정을 잘 표현한 산조에 더 끌렸습니다. 그래서 훌륭한 스승을 찾아다니며 산조에 힘을 쏟았습니다. 1855년에는 부산에서 처음 만난 심상건 선생을 서울에서 다시 찾아갔고, 1960년대에는 김병호 선생, 1970년대엔 김죽파 선생, 1980년대엔 함동정월 선생…… 이렇게 가야금에 대한 황병기의 열심과 욕심은 끝이 없었습니다.

이제 그는 가야금 연주하는 서울 법대생으로 더 유명했

습니다.

대학 3학년일 때 친구인 나현구가 말했습니다.

"병기야, 내 아저씨 되는 사람 중에 안과 의사가 있어. 음악을 엄청 좋아하는 괴짜인데 나랑 같이 가 볼래?"

"안과 의사인데 괴짜야?"

"응. 의사지만 내가 보기엔 음악에 더 미쳐 있는 것 같아. 피아노를 두 대 사 와서 몸체를 완전히 분해하고 다시 조립하기도 했어."

"뭐라고? 왜 그런 일을 하는 거야?"

"악기 속이 궁금해서 그랬겠지. 피아노의 구조가 어떻게 생겨 먹었는지 궁금해서. 노래도 잘해. 우리 전통 가곡 말이야."

"전통 가곡?"

전통 가곡이라면 우리 음악입니다. 그를 만나고 싶은 마음이 들었습니다.

이렇게 친구를 따라가 만난 사람이 안과 의사 나원화 선생입니다. 우리나라 초창기 의학계에서 높은 평가를 받는 분입니다.

그런데 나원화 선생은 보통 의사가 아니었습니다. 우리 전통 성악인 가곡을 전문가처럼 잘했습니다. 선비들이 즐겨 부르던 노래인 가곡은 시조에 곡을 붙인 것입니다.

"선생님, 저에게도 가르쳐 주십시오. 저 이래 봬도 어렸을 때 KBS에 나가 독창하기도 했어요."

"알아, 알아. 목소리만 듣고 알아봤어."

"가르쳐 주실 거죠?"

"좋아. 황군처럼 실력자가 내 제자로 들어오면 나도 영광이지."

황병기는 나원화 선생에게서 남창 가곡 전곡을 배웠습니다. 국악 가운데 남창과 여창이 확연하게 구분된 것은 가곡뿐입니다.

그런데 특이한 것은 나원화 선생이 쓰는 악보였습니다. 우리 가곡은 정간보로 대충 그려져 전해져 왔습니다. 그런데 나원화 선생은 서양식 악보인 오선지에 그걸 꼼꼼하게 그려 황병기를 가르친 것입니다.

'바로 이거다. 국악 교육도 이제는 현대식으로 바뀌어야 한다.'

나원화 선생을 만나면서 황병기는 가야금만이 아니라 가곡에도 눈을 떴습니다. 서울 음대 국악과 강사를 할 때 그리고 작곡을 할 때도 이때 배운 것들이 큰 도움이 되었습니다.

서울대학교 국악과 가야금 강사

    1958년 황병기는 이제 대학 4학년이 되었습니다. 대학 마지막 학기인 2학기 늦은 가을이었습니다.

    서울 음대 학장인 현제명 선생에게서 만나자는 연락이 왔습니다. 학장실로 찾아간 병기에게 현 학장은 천천히 말을 꺼냈습니다.

    "내년에 우리 서울대학에 국악과를 신설하려고 한다네. 나라에서 세운 최고의 대학에 우리 음악을 공부하는 학과

가 없다는 것은 말이 안 되지. 늦은 감이 없지 않지만 지금부터라도 시작해서 우리 음악을 공부하는 학생들을 길러 내려고 한다네."

"좋은 생각입니다. 저도 우리 서울대학에 국악과가 있으면 하는 생각을 자주 했습니다."

"그래서 말인데, 미스터 황이 우리 서울 음대 국악과의 가야금 강사가 되어 주게."

"네?"

그것은 뜻밖의 제안이었습니다.

"학장님, 저는 그런 자격이 없는 사람입니다. 시간도 없고요."

황병기는 여러 가지 이유를 들어 사양했습니다.

"저는 그냥 가야금이 좋아서 한 것뿐입니다. 가야금을 직업으로 삼으려고 배운 게 아닙니다."

"미스터 황에 대해서 나도 어느 정도 알고 있네. 시간이 문제라면 내가 해결해 주리다. 일주일에 한 시간만 나와 주게. 아무리 바빠도 일주일에 한 시간은 낼 수 있지 않은

가? 미스터 황이 우리 대학 강사라는 것만으로도 영광이라네."

나이 많은 학장이 이렇게까지 간곡히 부탁하는데 더는 손을 저을 수가 없었습니다. 정식으로 음악을 전공한 것도 아니고 막 대학을 졸업한 새파란 젊은이 황병기는 이렇게 해서 이듬해인 1959년 3월 서울 음대 강사가 되었습니다.

'이왕 발을 디뎠으니까 4년만 가르치자. 4년이면 처음 가르친 제자들이 졸업할 것 아닌가.'

새로 생긴 서울대학교 음악대학 국악과. 그러나 첫해 신입생을 모집했을 때 응시생이 한 명도 없었습니다. 다른 서양 음악과에는 몰려왔지만 국악을 하겠다는 학생은 한 명도 없었습니다. 할 수 없이 서양 음악 전공 지원자 중에서 뽑아 와야 했는데, 우리 악기를 처음 보는 학생이 대부분이었습니다. 마지못해 국악을 전공하게 되었지만 그래도 마음을 바꾸어 열심히 하는 학생들이 생겨났습니다. 현재 우리나라 국악계를 이끌어 가는 거목들이 바로 황병기의 제자들입니다.

황병기는 처음 생각대로 4년간 서울 음대 강사로 제자들을 가르쳤고 그 중에 이재숙, 김정자 같은 서울대 교수가 나왔습니다.

황병기는 훌륭한 제자만 길러 낸 게 아닙니다. 서울대 국악과 강사로 일하던 1962년, 그는 가야금 정악과 산조의 정간보를 오선보에 옮기는 큰일을 해냈습니다. 안과 의사 나원화 선생을 만나며 결심한 것을 실천에 옮긴 것입니다.

서울 음대 강사 일을 하던 1959년 늦가을, 황병기는 우연한 기회에 스트라빈스키의 〈봄의 제전〉을 듣고 깜짝 놀랐습니다. 국악에 관심이 많은 어느 클래식 음악 애호가의 집에서였습니다.

'이 음악은 대단한 힘을 가지고 있어. 리듬도 충격적이고 악기 편성도 내가 지금껏 들은 음악하고는 확연히 달라. 에너지가 가득한 파충류들이 떼 지어 춤추는 것 같아.'

스트라빈스키의 〈봄의 제전〉은 웬만큼 음악을 듣는 사람들도 이해하기 힘든 현대 음악입니다. 그런데 가야금을 하는 황병기는 그 음악이 무척 마음에 들었습니다.

'내가 꿈꾸던 음악은 바로 이런 거야. 정말 새롭군. 새로워. 우리 음악도 앞으로 이렇게 현대적인 곡으로 발전시켜야 해. 앞으로 이런 음악을 더 자주 들어야겠어.'

스트라빈스키의 〈봄의 제전〉은 황병기의 음악 세계를 더욱 풍성하고 폭 넓게 만들어 주었습니다.

젊은 작곡가, 정회갑이 황병기를 찾아온 것도 이 무렵이었습니다.

"안녕하세요? 현대 음악을 작곡하는 정회갑입니다. 선생님의 도움이 필요해서 찾아왔습니다."

"저에게요?"

"가야금과 서양오케스트라의 협주곡을 작곡하고 싶은데 선생님이 가야금을 연주해 주실 수 있나 해서요."

"가야금과 서양 오케스트라요?"

너무나 뜻밖의 이야기였습니다. 아직 아무도 거기까지는 생각하지 못했습니다. 그저 서양 음악은 서양 음악대로 우리 음악은 우리 음악대로 활동하고 있었습니다.

"좋습니다. 우리 음악을 서양에 알리고, 가야금이 서양 악기 못지않은 훌륭한 악기라는 것을 보여 줄 좋은 기회이군요. 기꺼이 해야지요."

"고맙습니다. 선생님이라면 허락해 주실 줄 알았습니다."

황병기와 정회갑은 그 뒤로 자주 만났습니다. 이렇게 만나면서 그들은 오케스트라와 가야금의 협연에 대해 많은 이야기를 나누었습니다. 황병기는 정회갑이 작곡한 곡을 연주해 보이기도 하고 자신의 생각을 작곡가에게 전하기도 했습니다.

1년 동안 의논과 여러 가지 실험 끝에 마침내 정회갑이 작곡한 〈가야금과 오케스트라를 위한 주제와 변주곡〉이 완성 되었습니다.

임원식의 지휘로 국립극장에서 '가야금과 오케스트라를 위한 주제와 변주곡'이 처음으로 공개되는 날, 가야금 연주는 황병기가 맡았습니다.

음악을 들은 사람들은 깜짝 놀랐습니다.

"정말 대단해. 가야금과 서양 악기도 정말 잘 어울리는군."

"가야금 연주를 하는 저 사람이 도대체 누구요?"

"왜 있잖습니까? 서울 법대 다니며 가야금을 한다는……."

"그 친군가? 지금 서울 음대에서 가야금을 가르친다지? 대단하군."

연주회는 대성공이었습니다. 신문에서도 '국악과 양악의 악수'라고 하며 문화면의 머리기사로 실었습니다. 국악의 현대화가 시도된 획기적인 연주회였다고 했습니다. 어떤 신문기자는 국악의 세계화가 이루어지는 계기를 만들었다고도 썼습니다. 국악계에서도 양악계에서도 황병기는 큰 주목을 받았습니다. 그러나 황병기의 마음은 왠지 쓸쓸했습니다.

'서양 악기 속에 가야금을 잠깐 섞어서 그럴듯하게 연결한 것뿐이야. 마치 남대문에 옛날 병사의 옷을 입힌 사람을 세워 관광객에게 보인 것 같은 음악이었어.'

황병기는 뭔가 하나를 해낸 듯하면서도 마음 한쪽이 허전했습니다.

'가야금만이 낼 수 있는 소리로 우리 것을, 서양 것이 아닌 우리 것을 만들어야 돼.'

서양 음악 속의 가야금이 아닌, 가야금만으로 우리 음악을 만들고 싶었습니다.

'서양 악기를 위한 가야금 곡이 아니라 가야금만을 위한 곡, 우리 악기로 우리 한민족의 정서를 나타낸 곡을 만들어야 해.'

황병기가 이런 마음을 품고 다니던 어느 날이었습니다.

하루는 식당에서 혼자 저녁을 먹기 위해 음식을 시켰는데 마침 라디오에서 가야금 산조가 흘러나왔습니다. 황병기는 자기도 모르게 손으로 허벅지를 누르며 마음속으로 함께 연주하기 시작했습니다. 눈까지 지그시 감고 말입니다.

그런데 얼마 지나지 않아서였습니다.

"아줌마, 왜 저렇게 고리타분한 음악을 틀었어요? 다른 데로 좀 돌려요."

하고 다른 손님이 항의하듯 소리쳤습니다.

황병기는 찬물 세례를 받은 것처럼 화들짝 놀라 소리 나는 쪽으로 고개를 돌렸습니다.

"아이고, 바빠서 저 소리가 나오는 줄 몰랐네요."

식당 주인 아줌마가 허겁지겁 채널을 다른 데로 돌렸고, 라디오는 이내 여자 가수가 부르는 트로트 음악을 쏟아 놓았습니다.

황병기는 얼어 버린 듯 라디오를 뚫어지게 바라보았습니다.

'그래……. 우리 조상들이 남긴 춤이며 그림들은 알게 모르게 발전하며 현대화하고 있어. 그런데 유독 국악만은 예전 음악만을 고집하고 있어. 현대인의 마음을 사로잡을 수 있는 국악을 만들어야 해. 가야금도 옛날 곡만 고집할 게 아니라 현대인의 마음은 물론이고 세계인의 마음까지 사로잡을 수 있게 발전해야 해.'

"손님, 음식 나왔습니다."

식당 주인이 음식을 들고 왔습니다.
"아, 예."
황병기는 수저를 들며 또 생각했습니다.
'현대인의 마음을 사로잡는 가야금 음악…… 가야금 곡을 작곡해 보자. 현대 가야금 음악…….'
'가야금 작곡'이란 씨앗이 마음속에서 계속 꿈틀거렸습니다.

첫 가야금 창작곡

　1962년 햇볕이 쨍쨍 쏟아지던 여름 어느 날, 황병기는 자신이 좋아하는 시 〈국화 옆에서〉를 우리나라 전통적인 가곡 기법으로 작곡하였습니다. 우리나라 선비들이 즐겨 노래하던 가곡 스타일의 노래를 만들어 낸 것입니다. 그러나 〈국화 옆에서〉는 시에 가야금과 장구 같은 국악기로 반주한, 시를 위한 음악입니다.

　황병기는 〈국화 옆에서〉를 만든 뒤 가야금을 위한 최초의 가야금 창작곡을 작곡하기 시작했습니다.

'박두진 시인의 〈청산도〉에서 받은 영감을 가야금 현에 옮겨 봐야겠어.'

작곡을 시작했지만 쉽지 않았습니다. 우리나라 민속 음악은 악보로 전해진 게 아니라 연주자들의 귀에 의해 전해져 왔습니다. 모든 민속 음악은 연주자의 머리에 담겨 있기 때문에 악보를 보며 익히는 게 아니라 귀와 눈으로 배워야 합니다. 그렇기 때문에 연주자에 따라 곡의 흐름이나 느낌이 다릅니다.

궁중 음악인 정악은 정간보라는 우리식 표기의 악보가 있었지만 오선지 악보가 아니었습니다. 황병기도 정악을 배울 때 정간보로 익혔습니다.

정간보는 '우물 정(井)'자가 원고지처럼 위아래로 연결되어 있는 악보로 세종대왕이 만들었습니다. 음의 길이인 리듬을 알 수 있는 동양 최초의 악보입니다. 네모 한 칸을 '정간'이라 하는데 한 박자를 나타내며, 정간에 음의 높낮이인 율명(음이름)을 적습니다. 한 정간을 아홉으로 세밀하

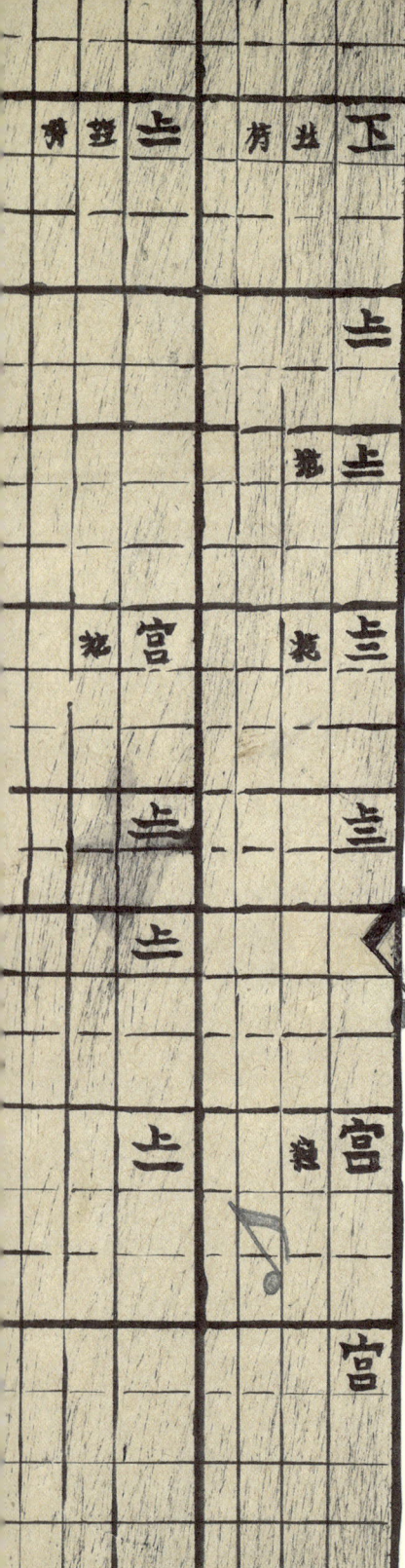

게 나누어 장식음까지 기록할 수 있었지만 제한된 공간이라 불편한 점이 없지 않았습니다.

'이제는 국악도 세계 흐름을 좇아야 해. 세계인이 모두 이해할 수 있는 오선보로 작곡해야 세계의 음악이 될 수 있어. 힘들겠지만 오선보로 가야금 음악을 창작해 보자.'

황병기는 가야금 음악 작곡에 매달렸습니다.

'제목은 〈숲〉이라고 하자. 서양 음악의 장조처럼 화평하고 밝은 느낌의 평조와 단조처럼 어둡고 쓸쓸하면서도 차분한 느낌을 주는 계면조의 특징도 잘 살리면 좋겠어.'

황병기는 〈숲〉을 4장으로 구성하였습니다. 넓고 깊은 숲에서 느낄 수 있는 여러 가지 감정들을 네 가지 생각과 느낌으로 작곡하기로 한 것입니다.

작곡 공부를 하지 않은 데다 가야금 곡을 서양식 오선지에 옮기는 것은 여간 어렵지 않았습니다. 그는 몇 번이나 스스로 실망하고 낙담하여 그만두려고 하였습니다. 오선지를 찢고, 다시 그리고, 머리도 수없이 흔들었습니다.

'이건 아무것도 없는 그릇에서 맛있는 음식을 찾는 꼴이야. 도저히 안 되겠어.'

이렇게 낙담하면서도 또 한편으론 다른 생각을 했습니다.

'아냐. 힘들어도 해야 해. 새로운 곡을 만들지 않으면 가야금은 영원히 고리타분한 악기로 남고 말거야. 가야금은 어느 나라 민속 악기보다 훌륭한 악기야. 우리 악기 중에서도 반짝이는 별이라 할 수 있어. 이 훌륭한 악기에 맞는 곡을 만들어서 우리 악기 가야금이 영원히 빛나도록 해야 해. 현대인의 마음을 울리고 자라나는 어린이들의 마음까지 움직일 수 있는 가야금 음악을 작곡해야 해. 그래야 가야금이 영원히 살아남을 수 있어. 그리고 힘들어도 내가 해야 또 뒤를 이어 누군가가 작곡할 거야. 힘을 내자. 아이들까지 좋아할 수 있는 새로운 가야금 곡을 만들어 보자.'

마침내 황병기는 우리나라 최초의 가야금 창작곡 〈숲〉을 완성했습니다. 배운 일이 없는 작곡을 혼자 힘으로 연구하며 완성한 것입니다. 그동안 열심히 연주했던 모든 능력들을 작곡이란 다른 형태로 만들어 놓은 것입니다.

〈숲〉은 발표하자마자 많은 관심을 끌었습니다. 우리 음악이면서도 현대적인 분위기가 물씬 풍기는 이 곡은 방송을 타며 유명해졌고, 초등학교 3학년 음악 교과서에도 실렸습니다.

1962년은 황병기에게 여러 가지로 잊지 못할 해입니다. 〈숲〉을 작곡했고 국악원에서 만난 소설가 한말숙과 결혼한 것도 이 해입니다

서울대학교 음악대학 국악과 강사는 처음 마음먹은 대로 딱 4년만 하고 손을 떼었습니다. 대신 아버지의 뜻을 이어 실업계로 나갔습니다. 그러나 여러 개의 사업을 하면서도 그의 가야금 사랑은 변치 않았습니다. 아무리 바쁜 날도 하루에 한 번씩은 꼭 가야금 연습을 했습니다.

황병기, 그의 마음속엔 가야금 음악이 여러 편 살고 있었습니다. 딩덩 덩 둥덩…… 아름다운 가야금 곡들이 차곡차곡 마음속에서 만들어지며 오선지에 음표로 살아날 날만을 기다리고 있었습니다. 황병기는 너무 바빠 작곡에 손을 내줄 시간이 없었지만 마음속으로는 늘 작곡 생각을 했습니다.

1964년에는 국립 국악원 최초의 해외 공연인 일본 요미우리 신문사 초청 일본 순회공연에서 가야금 독주를 했습니다. 가야금 연주를 눈여겨본 일본 NHK에서는 그를 단독

으로 출연시켜 가야금 독주을 일본 전역에 내보냈습니다.

이렇게 황병기는 사업과 가야금 사이를 오가며 이름을 빛내고 있었습니다. 하루도 가야금 연습을 하지 않고는 잠들지 않는 사업가 황병기. 계속되는 작곡과 연주로 점점 유명해졌지만 그러나 그의 마음 깊은 곳에선 무언가 허전한 바람이 늘 불고 있었습니다.

"황병기 그 사람, 훌륭한 실업인임에 틀림없어. 그렇지만 프로 실업인은 아니지. 음악가로서 더 유명한걸."

"글쎄 그렇게 봐야 하나?"

"그렇지. 누가 그를 온전한 실업가라 하겠어, 음악가지. 외국에서 더 유명하다는데?"

"글쎄……."

실업인들은 이런 눈으로 황병기를 보았는데 음악계에선 음악계대로 비슷한 이야기를 했습니다.

"황병기 씨가 실업인으로도 큰 성공을 거두고 있다지요?"

"그렇다네. 대단한 친구지. 음악과 사업 두 가지에서 다

성공을 거두고 있으니 말이야."

"그럼 음악인이야? 실업인이야?"

"글쎄……."

젊은 실업인 황병기. 장래가 촉망되는 가야금 연주자이자 작곡가 황병기.

황병기는 두 마리 토끼를 잡고 마음의 갈등을 느끼고 있었습니다. 그것은 쓸쓸한 바람이 되어 늘 그의 마음을 흔들었습니다.

'나는 실업인일까? 음악인일까?'

그 스스로도 야릇한 소외감을 느끼고 있었습니다.

그러나 용케도 그는 두 가지 일을 잘 해내고 있었습니다. 사업체도 한두 개가 아니고 가야금만 해도 연주와 작곡까지 했기 때문에 더 바빴습니다. 〈숲〉을 작곡한 이듬해에는 다시 〈가을〉을 발표했고, 1965년에는 〈석류집〉을 작곡했습니다.

세계로 퍼져 가는 가야금 음악

사업과 연주와 작곡으로 몸이 두 개라도 모자랄 지경인 1965년, 뜻밖의 초청장이 미국에서 날아왔습니다.

"여보, 이것 좀 보구려."

"뭔데 그렇게 얼굴까지 상기되었어요?"

"글쎄 보기나 하라니까요."

황병기가 내미는 우편물을 보고 그의 아내도 무척 놀라

"아니 여보!"

하고 입을 다물지 못했습니다.

"당신도 놀랐지?"

"네. 당신이 정말 자랑스러워요."

그 우편물은 미국 하와이 동서 문화센터에서 보내온 것이었습니다. 하와이 동서 문화센터에서 '20세기 음악예술제'를 여는데 황병기에게 가야금 연주를 해 달라는 초청장이었습니다. 그동안 그가 작곡한 〈숲〉, 〈가을〉, 〈석류집〉을 모두 연주해 달라고 했습니다. 한국을 방문했던 미국 음악가들이 황병기의 가야금에 반해 추천한 것입니다.

"여보, 여기 보세요. 〈숲〉은 현대무용으로도 만들어 함께 공연한대요. 미국에서 당신의 가야금 음악을 먼저 평가하는군요."

4월. 황병기는 흥분과 설레는 마음을 안고 하와이로 날아갔습니다. 가야금을 배우기 시작한 지 14년. 마침내 그의 음악이 미국에서 먼저 꽃을 피우게 된 것입니다.

금세기 음악 예술제. 하와이에서 가장 떠들썩한 이 축제에 동양인으로는 유일하게 황병기가 초청된 것입니다. 작

곡 경력 3년, 그의 나이 29세였습니다.

하와이 동서 문화센터에서의 가야금 연주는 대성공이었습니다. 공연장 가득 들어찬 서양 사람들 앞에서 황병기는 우리 조상들이 1,500년 동안 갈고 닦아온 가야금 음악을 연주했습니다.

가야금 연주를 하는 동안 공연장은 물속처럼 조용했습니다. 관객들은 숨소리까지 죽이며 한국에서 온 신비로운 음악에 귀를 기울였습니다.

'원 세상에 이런 음악이 다 있구먼. 마치 물결이 노래하는 것 같아.'

'처음 듣는 악기인데도 아주 오래전 내가 태어나기도 전에 들었던 음악 같아. 하늘나라 음악 같다고나 할까. 한국에 저런 악기가 있다니 정말 놀랍군.'

이런 생각을 하며 숨죽이고 듣던 사람들은 연주가 끝나자 우레 같은 박수를 보냈습니다.

하와이 호놀룰루에서 두 번째 연주를 마쳤을 때였습니다. 동서 문화센터 출판국에서 뜻밖의 말을 했습니다. 음반을 내자는 것입니다. 녹음은 바로 진행되었습니다. 여기서 황병기는 장구 반주도 직접 했습니다. 먼저 가야금 녹음을 한 다음 그 소리를 이어폰으로 들으며 장구 반주를 덧입힌 것입니다.

하와이 연주를 마치자 로스앤젤레스, 샌프란시스코, 시애틀에서도 독주회를 열겠다는 초청장이 왔습니다. 그의 음악에 감탄한 시애틀 워싱턴 주립대학에서는 여름 학기 동안 한국 음악을 강의해 달라는 초청장을 보내 왔습니다.

6개월 동안의 짧지 않은 미국 연주 여행 뒤 황병기는 다시 사업에 몰두했습니다.

그리고 다시 몇 달이 지났을 때 미국에서 우편물이 왔습니다. 미국에서 처음 나온 황병기의 독주 음반, 엘피(LP) 레코드판입니다. 음반을 평가한 기사도 함께 보내왔습니다.

'절묘한 음색과 아름다운 선율은 현대인의 멍든 마음을 치료하는 훌륭한 정신 해독제'라고 극찬한 것은 새 음반들을 평가하는 《하이파이 스테레오 리뷰》라는 잡지입니다. 《민족음악학》이라는 잡지에선 '서양 음악의 영향을 전혀 받지 않은 전통적인 한국 작품이면서 현대적인 작품'이라고 칭찬했습니다.

사업, 해외 연주, 작곡 등으로 바쁜 중에도 황병기는 다시 이화여자대학교에 국악 강사로 나가기도 했습니다. 제발 나와 달라는 부탁을 거절할 수 없었기 때문입니다.

황병기의 가야금 음악이 해외에서 더욱 사랑을 받고 있다는 소식이 전해지면서 우리 것을 지키고 발전시키려는 국내의 움직임도 활발해졌습니다. 황병기는 그러한 사람들의 부탁으로 영화 음악에도 손을 댔는데, 1973년 한국일보가 마련한 '한국영화음악상'을 받기도 했습니다. 하길종 감독의 영화 〈수절〉이란 작품의 영화음악으로 큰 상을 받은 것입니다.

1974년, 젊은 음악가이며 실업가인 황병기는 서른여덟 살이 되었습니다.

그는 가야금을 그냥 좋아했지 가야금을 가지고 돈을 벌겠다거나 직업으로 삼으려고 생각한 적이 한 번도 없었습니다. 그저 가야금 소리가 좋아 시작했고 점점 가야금에 빠져 자신도 모르게 명성이 높아졌을 뿐입니다. 그러나 가야금은 그의 마음에 숨어 있는 음악 정신들을 하나하나 불러내 작곡까지 하게 되었고 자신도 모르는 새 한국을 대표할 만한 음악가로 우뚝 섰습니다.

"황 선생, 이제 사업을 정리하고 음악의 길을 걷는 게 어때요? 우리 이화여자대학에도 국악과를 만듭니다. 이화여자대학의 정식 교수가 되어 황 선생의 음악 인생을 더욱 빛내고, 그 재능을 제자들에게 물려주어야 하지 않겠소?"

서울대학교에서처럼 이화여자대학교에서는 끊임없이 교수로 와 달라고 청했습니다.

"사업을 할 사람은 많아요. 먼 훗날 실업인 황병기는 사람들 기억에서 사라질지 몰라요. 왜냐하면 황 선생 말고도 실업에 뛰어난 수완을 발휘하는 사람들이 많으니까요. 그렇지만 우리 음악 특히 가야금 음악에선 황 선생의 자리가 꼭 필요

합니다. 백 년 천 년 뒤에도 가야금 연주가, 가야금 작곡가로 남아 있어야 합니다. 제발 우리 대학 교수로 와 주세요."

대학 관계자들은 끈질기게 황병기를 설득했습니다.

'그래. 내 이름을 가장 빛낼 수 있는 것은 사업이 아니라 가야금이다. 내가 좋아서 하기도 했지만 그동안 가야금 때문에 나는 정말 행복했다. 가자. 대학으로 가서 후배들도 기르고 가야금 음악도 더욱 연구하자.'

마침내 황병기는 마음의 결정을 내렸습니다.

1974년 황병기는 이화여자대학교 교수가 되면서 모든 사업을 정리하였습니다.

그해부터 2001년까지 교수로 재직하며 수없이 많은 제자들을 길러 내었고 가야금 연주와 작곡에도 더 많은 힘을 쏟았습니다.

현재 그의 제자들은 여러 대학에서 가야금 음악을 가르치고 있습니다.

이화여자대학 교수로 제자들을 가르치면서도 황병기의 가야금 연주회는 계속되었습니다. 영국, 프랑스, 독일, 네덜란드, 이탈리아, 스위스, 핀란드, 폴란드, 중국, 러시아…… 세계 각국에서 가야금 연주를 요청해 왔기 때문에 그는 바쁜 시간을 더욱 쪼개며 우리 가야금 음악을 널리 알렸습니다.

이런 노력 덕분에 한국의 가야금 음악은 세계 각국으로 퍼졌습니다. 미국 전역에 방송되었던 라디오 방송 중 '동양음악 시리즈'라는 프로그램이 있습니다. 그 방송을 시작할 때나 마칠 때 어김없이 흘러나왔던 시그널 음악은 황병기 교수의 가야금 곡 〈가을〉입니다.

지금도 세계의 음악인들은 황병기 교수의 가야금 음악을 듣고 있습니다. 서양 음악과는 다른 신비로움, 우리 가야금만이 낼 수 있는 그 오묘한 소리를 그들은 잊지 못하는 것입니다.

미국 서부 지역 산타쿠르스 지역은 봄부터 여름까지 혹

독한 가뭄이 이어지는 고장입니다. 10월 말쯤 되어야 비가 옵니다.

기다리고 기다리던 첫 비가 오면 산타쿠르스에선 흥겨운 비의 축제가 시작됩니다. 이 축제의 시작을 알리는 음악은 놀랍게도 황병기의 가야금 음악 〈가을〉입니다. 무용가 탠디 빌이 이 음악에 맞춰 춤을 춥니다. 항상 맨발로 다니는 이 독특한 무용가는 황병기의 가야금 음악을 처음 듣고 정신을 잃을 정도로 반해 버렸습니다.

황병기가 미국 연주 여행을 할 때 그가 달려온 것도 당연한 일입니다.

"35년 동안 첫 비가 오는 날에는 당신의 〈가을〉에 맞춰 춤을 추었어요."

탠디 빌은 자신을 황홀하게 춤추게 한 대한민국의 음악가 황병기를 꼭 만나고 싶었던 것입니다.

이처럼 우리가 생각하는 것보다 더 많이, 황병기의 가야금 음악은 세계 여러 곳에서 사랑 받고 있습니다.

주한 미군으로 한국에 있을 때 황병기 교수에게 가야금

을 배운 데일 존슨은 피아노를 전공한 젊은이입니다. 그는 우리 문화, 특히 가야금 소리에 큰 매력을 느껴 황병기에게 가야금까지 배웠습니다. 존슨은 처음에 국립 국악원으로 찾아가 김윤덕 선생을 만났습니다. 김윤덕 선생은 영어를 하지 못했기 때문에 황병기에게 보낸 것입니다. 미국 군복을 입은 채 가야금을 배우러 다닌 그는 1년쯤 배우고 나서 미국으로 돌아갔는데 황병기가 미국 순회공연을 할 때 찾아왔습니다. 50년 만의 만남입니다. 할아버지가 된 그는 UC산타크로스 대학 명예교수가 되어 있었습니다.

그 동안 황병기 교수는 음반 다섯 장을 냈습니다. 이 가야금 음반은 젊은이들에게 가야금이 결코 고리타분한 악기가 아니라 들으면 들을수록 매력적이고 신비스런 음악이라는 것을 알게 해 주었습니다. 이 음반들은 교포들을 통해서도 외국으로 많이 나갔습니다.

2005년 5월 31일 오전 열 시, 개교 118주년을 맞는 이화여대 강당. 이날은 아주 특별한 날이었습니다. 바로 2001년에 정년퇴임한 황병기가 제10회 '자랑스러운 이화인상'을 받는 날이었습니다. 이 상은 주로 이화여자대학을 졸업한 사람들이 받았던 터라 남자 수상자는 황병기가 처음입니다. 이화여자대학이 전통을 깨고 남자 수상자를 낸 것은 무슨 까닭일까요? 황병기는 1974년 이화여자대학교 국악과 설립과 함께 교수로 초빙되어 한국 전통 음악의 현대화, 세계화, 대중화에 크게 기여했기 때문입니다.

그날 밤 황병기는 낮에 받은 상패며 선물들을 서재에 정리해 놓고 가야금 연습실로 들어갔습니다. 연습실은 바로 서재 옆입니다. 가야금 여러 대가 오래된 친구들처럼 벽에 기대어 있었습니다.

아무리 바빠도 빼먹지 않는 가야금 연습. 황병기는 가야금 하나하나를 눈여겨보았습니다.

'이 가야금들이 오늘의 나를 만들었어.'

새삼스럽게 악기들 하나하나가 고마웠습니다.

'이건 내 초등학교 동창 집에서 가져온 명금이고, 또 이

건 박영복 씨가 쓰던 거고, 이것들은 김광주 씨가 만든 거고…….'

황병기는 가야금 하나하나를 만지며 그에 얽힌 사연들을 떠올렸습니다.

연습실에 세워져 있는 스물다섯 대의 가야금 중에서 열 대는 돈으로 계산할 수 없는, 가야금 중의 가야금입니다. 이 가운데 돈을 주고 산 것은 세 대뿐입니다. 일곱 대는 거저 얻거나 기증 받은 것입니다.

'자랑스러운 이화인상은 내 힘만으로 받은 게 아니야. 나를 믿고 지켜봐 준 부모님과 가야금을 가르쳐 준 선생님 그리고 이 귀한 가야금들을 주신 분들 그리고 내 음악에 박수를 보내 준 분들……. 고마운 분이 한둘이 아니야. 가야금 때문에 음악인 최초로 북한 공연도 다녀왔고 윤이상과 전위 예술인 백남준과도 친하게 지냈지. 뉴욕에서 활동하던 현대 무용가 홍신자를 우리나라에 소개하고 한국 공연을 성사시킨 것도 내가 가야금을 했기 때문이야. 내가 늘 새로운 가야금 음악을 할 수 있던 것도 이런 친구들이 있기 때문이었어. 딸보다 어린 첼리스트 장한나와 친구처럼 지낼 수 있던 것도 모두 가야금 덕분이지. 나는 참 행복한 사람이야. 음악인들이 부러워할 만큼 큰 상도 많이 받았지…….'

여러 대의 가야금 중에서 황병기는 손이 가는 대로 한 대를 무릎에 놓았습니다.

손을 누르고 현을 퉁기자 가야금에선 기다렸다는 듯〈숲〉의 첫 음이 흘러나왔습니다. 이 가야금은 초등학교 동창 집에서 얻어 온 조선시대 가야금입니다.

"황 교수, 진심으로 축하하오."

하고 가야금이 말하는 것 같았습니다.

'고맙소.'

황병기는 자신도 모르게 미소를 지었습니다. 문득 그 가야금을 얻어 온 날이 떠올랐습니다.

'여름이었어. 그 친구를 만난 날은……'

명금들의 숨은 이야기

    길거리에서 우연히 초등학교 동창을 만난 것은 1960년대 말 여름이었습니다.

    "야, 병기 너 정말 오랜만이다. 어디 가서 우리 술이라도 한잔 할까?"

    "아냐, 아직 해도 안 떨어졌는데 술은 무슨……."

    황병기는 몹시 그날 피곤했던 터라 반갑기는 했지만 빨리 집으로 가고 싶었습니다. 그러나 그 친구는 손까지 잡아끌며 놓아줄 기세가 아니었습니다.

"그럼 우리 집이 저기니까 들러서 차라도 한잔 하고 가. 이거 몇 년 만이냐?"

병기는 친구를 따라 집으로 갔습니다. 아주 오래된 한옥이었습니다. 둘은 오랜만에 이야기꽃을 피우며 차를 마셨습니다. 초등학교 때 친구들 이야기며 선생님 이야기도 나누었습니다.

"이런 집에는 우리나라 악기도 있을 법한데……."

병기는 집에 들어설 때 가졌던 느낌을 털어놓았습니다.

"우리나라 악기? 가야금 같은 거 말이지? 다락에 굴러다니기에 밖에 내놨어."

"가야금? 어디?"

"저기 장작 쌓아 놓는 곳에."

"가 보자."

"이젠 다 망가져서 못 써. 어서 차나 마셔."

"차는 이따 마실게."

병기는 친구 손을 잡아끌며 재촉했습니다.

"어허 이 친구 참. 가야금 이야기가 나오니 힘이 펄펄 넘치는군그래. 이제 다 망가졌다니까."

"글쎄 망가진 거라도 보여 줘 봐."

친구는 마지못해 뒤꼍으로 나섰습니다. 뒤꼍 장작더미 옆 벽에 줄도 부들(줄을 잡아매는 밧줄)도 안족(雁足, 줄을 받치는 작은 나무 기둥)도 없어져 몸통만 덩그러니 남은 가야금이 서 있었습니다. 흙도 덕지덕지 묻어 있었습니다. 그러나 그걸 보는 순간 병기의 눈이 반짝 빛났습니다. 줄은 없었지만 몸통만은 온전했습니다. 손으로 통통 두드려 보니 울림까지 살아 있었습니다.

'명금이다!'

가슴이 파도를 탄 것처럼 높이 뛰어올랐습니다.

"저거 나한테 팔아라."

병기가 들뜬 목소리로 말하자 친구는 어처구니없다는 얼굴로

"장작으로 쓸려고 내놓은 건데 팔기는 뭘 파냐. 가지려면 가져가."

하며 신문지로 싸 주었습니다.

  집으로 달려온 병기는 먼지와 흙을 말끔하게 닦아 냈습니다. 검붉은 오동판이 나타났습니다. 오동나무 특유의 은은한 빛깔이 병기 마음을 서늘하게 했습니다. 머리 부분에는 5센티미터 정도 되는 둥근 옥이 박혀 있고, 꼬리 부분과 현침은 중국 화류목으로 만들어져 한눈에도 귀한 물건임을 알 수 있었습니다.

  '이건 정말 명금이다. 조선 후기의 명품이야.'

  병기는 바쁘게 다른 가야금에 있는 줄과 부들과 안족을 빼서 얻어온 가야금에 걸었습니다.

  '어떤 소리가 날까?'

  병기는 가슴을 두근거리며 가야금 줄을 뜯었습니다.

  깊고도 둥근 소리가 터져 나왔습니다. 마치 잠들어 있던 소리들이 기지개를 켜며 내는 소리 같기도 했고, 오랫동안 갇혀 있던 소리가 마침내 세월을 헤치며 간절하게 터져 나오는 것 같기도 했습니다. 병기는 가야금을 타며 가야금 명인 우륵을 떠올렸습니다.

가야금을 이야기한 옛 책은 《삼국사기》입니다.

가야금은 가야국의 가실왕 때 중국 당나라의 악기를 본떠 만들어졌다고 합니다. 가야국의 '가야'와 현악기라는 순우리말 '고'가 합쳐져 '가얏고' 즉, '가야금'이 되었습니다. 그러나 가실왕이 여섯 가야 중 어느 가야의 왕인지, 그리고 언제부터 연주했는지는 밝혀지지 않고 있습니다.

가야금 명인 우륵. 그는 가야가 망하자 신라로 망명했고, 신라의 악사로 대접을 받다 죽었습니다. 가야금 명인 우륵에 의해 가야금은 신라 음악의 중요한 악기가 되었고, 일본에까지 전해져 '신라금'이란 이름으로 불렸습니다.

우리 조상들이 연주한 가야금은 명주실을 꼬아 열두 줄 현으로 썼습니다. 그러나 1990년부터는 개량 가야금이 나와 명주실이 아닌 합성섬유 줄이 나왔고 줄 수도 17현, 18현으로 발전되어 지금은 25현까지 나왔습니다.

그러나 20현이 넘어가면 한국적인 맛이 사라집니다. 서양 음악 같은 느낌이 듭니다. 그래서 황병기는 20현이 넘는 가야금 곡은 작곡하지 않습니다.

초등학교 동창에게서 받아 온 가야금 말고 또 잊을 수 없는 가야금은 '궁 아저씨의 가야금'입니다.

1950년대 말 대학생 황병기는 저녁을 먹고 산책을 하고 있었습니다.

'어? 이거 가야금 소리잖아?'

문득 걸음을 멈춘 황병기는 자신도 모르게 가야금 소리를 따라 발을 떼었습니다.

가야금 소리는 초가집에서 흘러나오고 있었습니다.

'어떻게 저런 초가집에서……'

서울에서는 좀처럼 보기 힘든 초가집이었습니다. 황병기는 조심스럽게 그 집의 문을 두드렸습니다.

가야금 소리가 뚝 그치고 창이 가만히 열렸습니다.

"누구신지?"

"지나가던 학생입니다. 가야금 소리가 하도 좋아서……. 저는 서울 법대에 다니는 황병기입니다. 가야금 연주를 정말 잘하시네요."

"잘하기는, 들어와요."

이렇게 해서 초가집의 가야금 연주자와 서로 인사하게 되었습니다.

그의 이름은 박영복. 대학생 황병기보다는 스무 살 정도 위였고 창경궁의 수위로 일한다고 했습니다. 부인과 어린 아들도 있었습니다.

그와 이런저런 이야기를 나누며 황병기는 속으로 몇 번이나 놀랐습니다. 초가집과 창경궁 수위라는 직업이 말해 주듯 그는 넉넉한 생활을 하는 게 아니었습니다. 그런데도 여유 있게 가야금을 연주하는 것입니다.

'진정으로 가야금을 좋아하지 않으면 저런 행복한 얼굴을 할 수 없어. 가야금을 정말 사랑하는 사람이야.'

"가만히 보니 자네도 가야금 연주를 잘하는 것 같은데 한번 타 보게."

"아닙니다."

황병기는 두 손을 저으며 사양했습니다. 그러나 계속되

는 부탁에 할 수 없이 가야금을 무릎에 올렸습니다.

황병기의 연주가 시작되자 그의 두 눈이 등잔만 해졌습니다. 그러더니 이내 얼굴 가득 미소를 머금고 두 손으로 소리 없는 장단을 맞추어 갔습니다.

"이제 보니 자네 보통이 아니네그려. 자주 와서 가야금에 대해 가르쳐 주게."

"아닙니다. 제가 뭘……."

이렇게 시작된 두 사람의 인연은 그 뒤에도 이어졌습니다.

궁 아저씨는 가난했지만 늘 가야금을 즐기며 웃음을 잃지 않았습니다.

대학생 황병기는 친구들을 데리고 그가 근무하는 창경궁에도 놀러 갔습니다.

"황군, 어서 오게."

그는 경찰 비슷한 옷을 입고 정문을 지키고 있다가 환하게 웃으며 친구들까지 무료로 입장시켜 주곤 했습니다.

'그분은 가난했지만 어떤 부자보다 넉넉해 보였어. 그리고 내 친구들까지 무료로 입장시켜줄 때 행복해하던 그 웃음을 잊을 수가 없어. 굉장한 세력가처럼 씩 웃으며 어서들 들어가라고 할 때는 마치 소년 같았지.'

황병기는 가야금을 연주하면서도 계속 그를 생각했습니다.

'대학을 졸업하고 이런저런 일을 하는 동안 그분과도 소식이 끊기고 또 세월이 빠르게 흘렀지. 그런데 88년 서울 올림픽이 열리던 그해 어떤 사람이 전화를 했어……'

"저, 가야금 하는 황병기 선생님이시지요?"

전화기 저쪽의 소리는 사뭇 긴장된 음성이었습니다.

"네 그렇습니다만, 누구신지요?"

"선생님이 맞군요. 선생님, 박영복 씨를 기억하세요?"

"박영복 씨요? 가만, 누구시더라. 생각날 듯도 한데."

그러자 전화를 건 사람은

"예전에 저희 집에 자주 오셨는데……"

하며 말을 흐렸습니다. 그 순간 황병기의 눈앞에 웃음을 머금은 궁 아저씨의 얼굴이 나타났습니다.

"혹시 궁에 다니던 궁 아저씨?"

"기억하시는군요. 맞아요, 제 아버지세요."

"아버지는 건강하게 잘 계시지요?"

그러자 전화가 저쪽의 소리가 툭 끊기는 것 같았습니다. 얼마 뒤 그가 조용히 말했습니다.

"아버지는 3년 전에 돌아가셨어요."

이번에는 황병기의 숨이 턱 막혔습니다.

"선생님, 아버지가 생전에 애지중지 아끼던 가야금을 지금껏 제가 보관하고 있었어요. 그런데 아무래도 선생님께 드리는 게 좋을 것 같아서요."

황병기는 뭐라고 입을 열 수 없었습니다. 가난했지만 가야금과 함께하며 이 세상 누구보다 행복한 얼굴로 살던 궁 아저씨의 얼굴이 눈앞에 어른거려 가슴이 미어지는 것 같았습니다.

며칠 뒤 전화를 했던 박영복 씨의 아들은 비단으로 곱게 싼 가야금을 학교로 들고 왔습니다.

놀랍게도 박영복 씨가 쓰던 가야금은 인간문화재 김광주가 제작한 것이었습니다. 이미 세상을 떴지만 가야금 만들기의 인간문화재였던 김광주. 황병기에겐 이미 김광주의 가야금이 두 대 있었으니 김광주의 가야금은 이제 세 대가 되었습니다. 김광주의 가야금 말고도 김광주의 아버지이자 가야금 제작의 스승인 김명칠의 가야금도 세 대나 있습니다.

그 중 김명칠이 만든 초기 가야금은 가야금 산조 때 더없이 좋은 소리를 내는 명금 중의 명금입니다. 음반으로 나와 있는 황병기의 가야금 음악은 모두 이것으로 연주했습니다.

인간문화재 김광주의 수제자로 가야금 만들기 최고의 쟁이로 꼽히는 고흥곤 선생의 명금도 빼놓을 수 없습니다. 고흥곤 선생은 가야금을 만들고 나서

'와, 이건 명금이다!'

하고 스스로 만족할 때마다 그 악기를 팔지 않고 황병기에게 기증하였습니다.

'이 악기를 연주할 사람은 이제 황 교수밖에 없어. 내가 만든 악기로 연주해 주는 것도 큰 영광이고 기쁨이야.'

최고의 가야금 악기장(樂器匠) 고흥곤은 이런 생각을 했기 때문에 아무 미련도 없이 귀한 악기를 황병기에게 보냈습니다. 이렇게 보낸 가야금은 모두 네 대입니다. 돈으로 계산할 수 없는 귀한 악기들이지만 고흥곤 선생은 기꺼이 보낸 것입니다. 자신이 만든 귀한 악기지만 누구 손에 있을 때 더 귀한 악기가 될 수 있는지를 잘 알았기 때문입니다.

세 번 들으면 죽는 가야금 음악 〈미궁〉

　가야금 명인 황병기는 이제 한국만이 아니라 세계가 아끼는 음악인입니다. 그가 작곡한 가야금 음악들은 발표될 때마다 화제를 모았는데, 특히 〈미궁〉은 새로운 이야기를 만들어 내며 사람들의 입에 오르내렸습니다.

　〈미궁〉이 1975년에 처음 연주되었을 때, 사람들은 깜짝 놀랐습니다.

　'아니 이거, 귀신 소리 아냐?'

감미롭고 신비스런 소리를 기대했던 청중들은 깜짝 놀랐습니다. 놀랄 정도를 넘어 오싹 소름이 돋았습니다.

가야금 현만이 아니라 가야금 뒷판을 벅벅 긁거나 안쪽을 두드려 끔직한 소리를 내기도 하였습니다. 사람이 웃는 것 같기도 하고 흐느껴 우는 것 같은 소리도 흘러나왔습니다. 음악을 듣던 사람들은 자기도 모르게 몸을 떨었습니다. 지금까지 들었던 가야금 음악하고는 사뭇 달랐습니다.

그런데 갑자기 가야금을 연주하는 그 옆에 전위 무용가 홍신자 여사가 나타났습니다.

'춤도 추려나? 아무튼 특이한 가야금 곡이네.'

가야금 연주에 전위 무용가가 등장하자 사람들은 그렇게 생각했습니다.

'아니 뭐야? 신문을 읽고 있잖아?'

사람들은 또 놀랐습니다. 무용가 홍신자 여사가 무대 한 켠에서 신문을 읽기 시작한 것입니다.

스산스런 가야금 소리와 음산하기까지 한 신문 읽는 소리, 기묘한 분위기를 더욱 부채질하는 기묘한 조명…….

사람들은 꼼짝도 안 하고 특이한 음악에 빠져들었습니다.

가야금 음악에 사람 목소리를 섞은 〈미궁〉은 추상화가의 그림처럼 여러 가지 상상을 하게 만들었습니다.

'이건 대단한 음악이다. 가야금 음악이 고리타분하지 않고 가장 현대적이라는 것을 증명하고 있어.'

전문 음악가들 역시 음악에 빠져들었습니다.

〈미궁〉 연주는 숱한 화제를 낳았습니다. 음반으로 나오고 인터넷 파일로 퍼지면서 〈미궁〉에 대한 새로운 이야기가 만들어졌습니다.

— 황병기의 〈미궁〉을 들으면 귀신이 나온다.

— 〈미궁〉을 세 번 들으면 죽는다.

— 오늘도 나는 〈미궁〉을 듣다 말았다. 언제 나는 이 음악을 끝까지 들을 수 있을까?

— 처음에는 무서워서 이 곡만은 안 들으려고 건너뛰어서 들었지만…… 비만 내리면 생각나는 음악이다. 정말 〈미궁〉에는 귀신 소리가 녹음된 걸까? 왜 비만 오면 생각날

까? 왜 무서운 밤이면 더 생각나는 걸까?

소문은 꼬리에 꼬리를 물며 이어졌습니다. 〈미궁〉을 작곡한 지 30년이 흘렀지만 귀신이 나온다, 세 번 들으면 죽는다, 하는 소문은 오늘도 인터넷에 떠돌아다닙니다.

어떤 네티즌은

— 30년 전에 이런 현대적인 음악을 작곡했다는 게 믿어지지 않는다. 국립 박물관에 가면 조상들이 사용했다는 많은 악기들이 전시되고 있는데 그 중 상당수가 지금은 연주되지 않고 있다. 가야금도 황병기 같은 사람이 나와 계속 새 음악으로 만들어내지 않았다면 어떻게 되었을까?

하고 우리 가야금 음악을 현대적으로 발전시킨 것에 대해 고마운 마음을 표현했습니다.

황병기가 〈미궁〉이란 독특한 가야금 음악을 작곡한 것은 가야금이 서양의 어느 악기보다 훌륭하다는 걸 보여 주고 싶었기 때문입니다. 가야금이 옛날 음악을 연주하는 악기가 아니라 복잡한 현대인의 마음까지도 잘 표현할 수 있다

는 것을 알리고 싶었기 때문입니다.

　황병기는 모교인 서울대학교에서도 큰 상을 받았습니다. 1997년에 받은 '자랑스러운 법대인상'은 법조인이 아니라 국악인으로서 받아 큰 화제가 되었습니다. 법을 공부한 사람이 음악상을 받았으니 화제가 될 수밖에 없었습니다.

　'자랑스러운 이화인상'을 받은 이튿날에는 다시 '호암상 예술상'을 받았습니다. 황병기는 이제 한국을 대표하는 자랑스러운 음악인으로 우뚝 선 것입니다.

　사업을 통해 더 많은 부를 누릴 수 있었지만, 오직 가야금이 좋아 하루도 빼먹지 않고 연습하며 가야금을 위해 모든 것을 정리한 황병기. 그는 노년에 더욱 왕성하고 투철하게 음악인의 길을 걷고 있습니다.

　1999년 그는 대장 20센티미터를 잘라 내는 큰 수술을 받았습니다. 그는 서울대 병실에 누워서도 가야금을 생각했습니다. 병실에 누워 고통과 싸울 때도 가야금과 함께한

세월들을 떠올렸습니다. 한밤중에 병실에서 보는 시계탑이 무척 아름답다고 생각한 순간 그의 머리에선 시계의 침들이 째각째각 돌며 새로운 리듬을 만들어 내기 시작했습니다. 시간과 시간들 속에 섞여 있는 아름다운 추억들이 가야금 음악으로 바뀌는 순간이었습니다. 〈시계탑〉은 병실에서 느꼈던 환상적인 느낌을 가야금 음악으로 작곡한 것입니다. 지금까지의 작품과는 또 다른 맛이 나는 아름답고 섬세한 곡입니다.

황병기의 명성은 이미 한국을 넘어 세계로 퍼졌습니다. 전 세계인들이 참고하는 《독일 MGG 음악 사전》뿐만 아니라 미국과 영국의 권위 있는 음악 사전에 이미 그의 이름이 올라가 있습니다. 또 2010년 9월에 일본 후쿠오카 시로부터 '아시아문화상' 대상을 받았습니다. 황병기 개인의 자랑만이 아니라 대한민국의 자랑입니다.

더 살펴봐요! 우리 악기 가야금

황병기 할아버지의 이야기 잘 보았나요? 할아버지는 십대 시절에 만난 가야금과 평생을 함께하며 살아왔어요. 가야금 소리를 처음 듣는 순간, 그 신비로운 소리에 놀라 숨을 제대로 쉴 수도 없었다고 할 정도로 운명과도 같은 만남이었지요.

여러분은 가야금 소리를 들어 본 적 있나요? 그리고 가야금에 대해 얼마나 알고 있나요? 나는 가야금과 얼마나 친한지 풀어 보세요.

❶ 가야금은 우리 고유의 타악기다. (   )
❷ 가야금의 옛 이름은 '가얏고' 이다. (   )
❸ 가야금의 울림통은 오동나무로 만든다. (   )
❹ 왕산악은 가야금 명인으로 유명하다. (   )

다 풀었나요? 그럼 같이 살펴볼까요?

'타악기'는 '두드려서 소리를 내는 악기'를 뜻해요. 가야금은 줄을 뜯으면서 소리를 내지요. 이런 악기를 '현악기'라고 한답니다. 가야금의 옛 이름은 '가얏고'예요. 가야금의 울림통은 오동나무로 만들고, 명주실을 꼬아 만든 줄을 써요. 마지막으로 왕산악은 거문고 명인이고, 가야금 명인으로 유명한 사람은 우륵이랍니다.

가야금에 대해 조금 더 알게 되었나요? 아름답고 신비로운 가야금! 그럼 이제부터 황병기 할아버지가 사랑한 가야금에 대해 함께 살펴봐요.

1. 가야금은 어떤 악기인가요?

우리나라 고유의 현악기 가운데 하나인 가야금. '가야금(伽倻琴)'의 뜻을 풀면 '가야(伽倻)'의 '금(琴)'이 됩니다. '가야금'의 '가야'는 신라, 백제, 고구려와 함께 자리했던 나라를 뜻합니다. '금'은 현악기를 뜻하는 말이고요. 지금은 '가야금'이라 부르는데 이 말은 한자화된 이름이고, 옛날 사람들은 '가얏고'라고 불렀다고 해요.

〈가야금의 구조〉

가야금의 구조를 살펴볼까요? 가장 왼쪽 부분은 '좌단'으로, 가야금을 연주할 때 오른손이 놓여요. '현침'은 '담괘'라고도 하는데 가야금 머리 쪽에서 줄을 받치는 부분이지요. 그리고 기러기의 발을 닮은 '안족'으로 음높이를 조절하는데, 오른쪽으로 갈수록 더 높은 소리가 나요. '부들'은 가야금 줄을 고정시키기 위한 것으로, 줄의 세기를 조절해요. 가야금 줄과 부들이 이어진 부분을 '학슬'이라고 하지요. 마지막으로 '양이두'는 가야금 열두 줄을 묶는 역할을 한답니다. 이 가야금은 정악 가야금으로, 이 밖에도 산조를 연주하는 산조 가야금, 개량 악기인 17현 가야금, 18현 가야금 등이 있어요. 정악 가야금과는 모습이 조금씩 달라요.

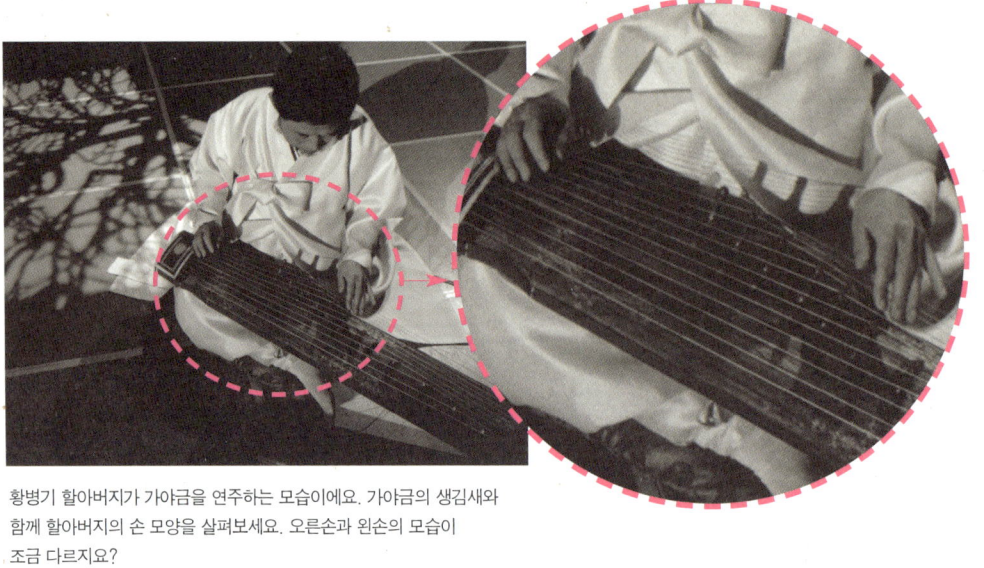

황병기 할아버지가 가야금을 연주하는 모습이에요. 가야금의 생김새와 함께 할아버지의 손 모양을 살펴보세요. 오른손과 왼손의 모습이 조금 다르지요?

　가야금은 오동나무로 만든 울림통에 명주실을 꼬아 만든 줄을 걸어 만든다고 했어요. 지금은 다양한 소리를 내기 위해 줄의 수를 늘리기도 하는데, 본래 가야금은 열두 줄이 걸린답니다. 왜 열두 줄이냐고요? 그건 다음 장에서 알려 줄게요.

　가야금을 연주하려면 먼저 책상다리를 하고 앉은 다음 울림통의 오른쪽 끝을 무릎에 올려요. 오른손으로 줄을 뜯고, 왼손으로 줄을 떨거나 눌러서 소리를 꾸며 주지요. 가야금은 음색이 맑고 연주법도 다양해 우리 음악에 많이 쓰이는 악기랍니다.

2. 가야금 명인 우륵

　'가야금' 하면 가장 먼저 떠오르는 사람은 누구인가요? 아마 가야의 궁중 음악가 '우륵'일 거예요. 우륵은 가야의 사람이에요. 가야는 여러 개의 작은 나라들이 모여 이루어졌지요. 그 가운데 '가실왕'은 우륵을 궁중 음악가로 불러들이고, 가야를 위한 악기를 만들도록 명했어요. 《삼국사기》에 따르면 가야금은 중국의 악기인 쟁(箏)

을 본받아 만든 것이라고 해요. 그러나 우륵은 그것을 그대로 본뜬 것이 아니라 가야의 정신을 담은 새로운 악기를 만들어 냈답니다.

　가야금은 위가 둥글고 아래가 평평한데, 이것은 하늘과 땅을 뜻해요. 열두 줄은 일 년 열두 달을 뜻하지요. 우륵이 지은 가야금 곡은 총 열두 개로, 이 역시 일 년 열두 달에 맞춘 것이라 추측한대요. 우륵은 악기와 음악에 세상을 담은 거예요.

　우륵은 자신을 아꼈던 가실왕이 세상을 떠나자 왕권 다툼으로 인해 생명의 위협을 받았고, 결국 신라로 망명을 해요. 그런데 신라 진흥왕은 그 음악에 감동하여 우륵을 불러들였어요. 망한 나라의 음악을 들어서는 안 된다는 신하들의 반대에 진흥왕은 가야가 망한 것은 음악 때문이 아니라고 하며, 우륵을 더욱 아꼈다고 해요. 진흥왕의 명으로 우륵은 가야의 대표 악기 가야금을 통해 신라의 음악을 발전시켰어요. 가야금이 지금까지 이어져 올 수 있던 것은 우륵과 가실왕, 그리고 진흥왕의 노력이 컸다고 할 수 있답니다.

3. 가야금 산조와 가야금 병창, 창작 음악

　음악은 시대에 따라 조금씩 달라져요. 가야금도 마찬가지지요. 그 가운데 연주 방법에 따라 산조와 병창, 그리고 새롭게 시도되는 창작 음악에 대해 살펴볼게요.

　산조는 한 악기로 연주하는 음악이에요. 느낌대로 솔직하게 연주한다고 할까요? 가야금 산조도 슬픔과 기쁨이 강하게 표현되고, 가락과 장단도 상황에 따라 즉흥적으로 연주하지요. 양반이 아니라 일반 백성들이 즐겼던 음악이라 마음 가는 대로 더욱 솔직하게 표현해요. 산조에는 장단을 잡아 주는 장구나 북이 함께한답니다. 혼자서 연주하는 산조는 무엇보다 연주자의 재능을 잘 드러낼 수 있어, 많은 사람들이 다양한 기법을 개발해 왔다고 해요. 가야금 산조 외에도 거문고 산조, 대금 산조, 해금 산조 등이 있어요.

  이와 달리 가야금 병창은 직접 가야금을 타면서 노래 부르는 것을 말해요. 단가나 판소리의 한 대목을 가야금 반주를 곁들여 부른답니다. 가야금 병창에서는 노래가 중심이고, 일반적으로 장구 반주도 함께하지요. 우리가 잘 아는 〈춘향가〉, 〈홍보가〉, 〈수궁가〉도 가야금 병창으로 많이 불린다고 해요.

  또한 국악도 창작 음악이 많이 작곡되었어요. 그 가운데 1974년에 황병기 할아버지가 작곡한 가야금 독주곡 〈침향무〉는 가야금 창작 음악의 대표적인 작품이랍니다. '침향'은 인도에서 나는 향으로 아주 귀하다고 해요. 침향무는, 귀한 향을 부처님께 피워 올리고 추는 춤을 뜻하지요. 신라시대에 크게 발전한 불교문화를 표현한 이 음악은, 새로운 연주법을 선보였어요. 두 손으로 줄을 뜯기도 하고, 장구를 손바닥으로 치고, 장구채로 가야금 몸통을 치는 등 당시 사람들에게 큰 놀라움을 주었지요. 지금은 가야금을 배울 때 꼭 공부하는 곡으로, 교과서에도 실렸답니다. 전통 음악도 시대에 따라 조금씩 그 모습이 달라지는 걸 알 수 있어요.

4. 우리 문화 곳곳에 녹아 있는 가야금

  가실왕의 명으로 우륵이 발전시킨 가야금. 그 역사가 정말 길지요? 가야와 신라의 음악은 아쉽게도 전하지 않아요. 그 당시 음악을 기억하는 사람이나 악보가 없기 때문이지요. 지금까지 발견된 가장 오래된 가야금 악보는 1796년 정조 20년에 만들어진 《졸장만록》이랍니다.

  그런데 잘 찾아보면 가야금은 우리 문화 여기저기에 숨어 있어요. 신라시대에도 조선시대에도 사람들은 가야금을 연주했고 그 음악을 즐겼지요. 그리고 그 모습을 남겨 놓았답니다. 그 가운데 몇 가지만 살펴볼까요?

신라시대 그릇

〈석천한유도〉, 김희겸

〈연당야유도〉, 신윤복

    박물관에 가면 볼 수 있는 신라시대 그릇에서는 개구리, 뱀, 거북이 등 여러 동물과 함께 가야금처럼 생긴 악기를 연주하는 사람을 볼 수 있어요. 아마도 지금 우리가 아는 가야금과는 조금 다를 것으로 추측해요. 그릇에 붙어 있는 여러 장식은 모두 의미가 있을 텐데 아쉽게도 확실히 알 수는 없어요. 신라 사람들이 어떤 생각으로 그랬을지 그 이유를 상상해 보는 건 어때요?

    〈석천한유도〉는 조선시대 화원인 김희겸의 작품으로, 1748년에 그려졌대요. '전일상'이라는 무관이 한가로이 쉬고 있는 모습을 그렸는데 잘 살펴보면 나무 옆으로 보이는 여인이 가야금을 연주하고 있어요. 바람이 솔솔 부는 날, 시원한 그늘 아래에서 가야금 소리를 듣는다고 상상해 보세요. 기분이 절로 좋아지지 않나요?

다음 그림은 신윤복이 그린 〈연당야유도〉예요. '연당'은 연꽃을 구경하기 위해 연못가에 지은 정자를 뜻해요. 연잎이 가득한 연못가에 양반들과 여인들이 함께 앉아 있어요. 아마도 맨 오른쪽에 앉은 여인이 연주하는 가야금 음악을 듣고 있는 듯하지요? 신윤복은 〈미인도〉를 비롯하여 많은 그림을 남겼는데, 그의 작품에는 당시 양반과 여인의 모습이 잘 드러나요.

지금까지 가야금에 대해 살펴봤어요. 우리 악기에는 가야금 말고도 많은 악기가 있답니다. 연주법에 따라 대금, 피리 등은 관악기, 가야금, 거문고 등은 현악기로, 장구, 편경 등은 타악기로 나눌 수 있어요. 그런데 이것은 서양 악기 분류법을 따른 것이라는 사실! 알고 있었나요?

우리 조상들은 '재료'를 기준으로 악기를 나누었어요. 쇠붙이(金), 돌(石), 명주실(絲), 대나무(竹), 박(匏), 흙(土), 가죽(革), 나무(木), 여덟 가지 재료로 정리한 이 분류법을 '팔음(八音) 분류법'이라고 해요. 이에 따르면 앞서 말한 대금과 피리는 대나무로 만들어 '죽부', 명주실을 꼬아 만든 가야금과 거문고는 '사부' 악기가 되지요. 타악기에 속하는 장구와 편경은 각각 가죽을 씌워 만든 '혁부' 악기, 돌로 만든 '석부' 악기로 나뉘어요. 이 밖에 '금부' 악기로는 쇠붙이로 만든 징과 꽹과리가 있고, '포부'에는 박으로 만든 생황, '토부' 악기는 흙을 구워 만든 훈, 나무로 만든 '목부' 악기에는 축이 속한답니다. 표로 정리하면 다음과 같아요.

가야금은 오랜 세월 동안 우리 민족과 함께해 왔어요. 비록 그 당시의 음악은 전하지 않지만, 황병기 할아버지를 비롯하여 많은 사람들이 발전시킨 가야금 음악은 지

악기	서양 분류법	팔음 분류법
대금	관악기	'죽부' 악기
피리	관악기	'죽부' 악기
가야금	현악기	'사부' 악기
거문고	현악기	'사부' 악기
장구	타악기	'혁부' 악기
편경	타악기	'석부' 악기
징, 꽹가리	타악기	'금부' 악기
생황	관악기	'포부' 악기
훈	관악기	'토부' 악기
축	타악기	'목부' 악기

금도 사랑을 받고 있답니다. 앞서 본 대로 우리 문화 곳곳에 그 흔적이 남아 있고요. 국립국악원에 방문하여 가야금 음악을 들어보는 건 어떨까요? 또 박물관이나 미술관에서는 전통 문화에 남아 있는 가야금을 직접 찾아보는 것도 재미있을 거예요.

국악을 들을 수 있는 곳 ♪

- 라디오 국악 방송(FM) http://www.gugakfm.co.kr/
- 국립국악원(서울) http://www.gugak.go.kr/
- 남산국악당(서울) http://sngad.sejongpac.or.kr/
- 삼청각(서울) http://www.samcheonggak.or.kr/
- 국립민속국악원(남원) http://www.ntmc.go.kr/
- 국립남도국악원(진도) http://www.namdo.go.kr/
- 국립부산국악원(부산) http://busan.gugak.go.kr/